Wolf-Eberhard von Lewinski
Brigitte Fassbaender

ATLANTIS · SCHOTT
Band 8351

Eine der bedeutendsten Mezzosopranistinnen der vergangenen Jahrzehnte, schauspielernde Sängerin mit unvergleichlichen Interpretationen beispielsweise der Figur des Octavian im *Rosenkavalier* von Strauss, exemplarischen Deutungen von Liedern wie etwa der *Winterreise* Schuberts, gefeierte Interpretin, die auf dem Höhepunkt ihrer Laufbahn sich dem Inszenieren zuwandte: Brigitte Fassbaender. Sie blickt im Interview zurück auf ihre Sängerlaufbahn und nach vorn auf ihre erste Theater-Intendanz.

Die erste Buchpublikation über diese Künstlerin.

Wolf-Eberhard von Lewinski, geboren 1927 in Berlin. Musikstudium in Dresden (u. a. bei Hermann Abendroth und Joseph Keilberth), daneben Studium von Theater-, Literatur und Kunstgeschichte. Von 1947 an als Musikjournalist in Dresden; 1951 in Darmstadt und seit 1971 in Mainz vielfältige Tätigkeit für Tagespresse, Zeitschriften, Rundfunk- und Fernsehanstalten. Zahlreiche Buchveröffentlichungen: Essays und Interpreten-Monographien. Von 1984 bis 1992 Intendant der Staatsphilharmonie Rheinland-Pfalz, ferner Leiter eines Seminars »Musikkritik« in Frankfurt.

Wolf-Eberhard von Lewinski
Brigitte Fassbaender

Interviews · Tatsachen · Meinungen

Atlantis Musikbuch-Verlag

SERIE MUSIK ATLANTIS · SCHOTT

ISBN 3-254-08351-2
Originalausgabe Mai 1999
© 1999 Schott Musik International, Mainz · BSS 48165
Umschlaggestaltung: H. J. Kropp
Umschlagfoto: Werner Neumeister, München
Satz: Katja Peteratzinger Digital-Publishing, Hünfelden
Lektorat: Norbert Henning
Druck und Bindung: Clausen & Bosse, Leck
Printed in Germany

Inhalt

Anstelle eines Vorwortes 7
Zeittafel 9
Vom Wesen und Wirken einer Sängerin 15
Interview mit Brigitte Fassbaender
    Die Eltern am Theater und das imaginäre Theater des Kindes ... 31
    Das Verhältnis zur Mutter 33
    Die Stimme des Vaters 38
    Gesangstechnik oder Gesangsmethode 42
    Voraussetzungen des Gesangsstudiums 45
    Der singende Schauspieler 48
    Belcanto heute 49
    Vom Studium zum ersten Engagement 50
    Die erste große Rolle 53
    »Der« Rosenkavalier 59
    Fixierung einer Interpretation 65
    Die Neigung zur dramatischen Darstellung 70
    Höhepunkt Charlotte (*Werther*) 77
    Abschied von der Opernbühne 79
    Die Zusammenarbeit mit Dirigenten 81
    Vorbilder und Kollegen 86
    Die Regisseurin 91
    Der »sängerische« Ausdruck 98
    Hänsel und Gretel heute 104
    Der private Bereich 108
    Das Publikum 111
    Das Lied- und Konzertrepertoire 113
    Sängerische Arbeitstechnik 115
    Die letzte Rolle oder Die robuste Stimme 119
    Die Welt des Malens und des Schreibens 121
    Abschied und Neubeginn: Operndirektion und Intendanz 123
    Grundsätzliche Perspektiven aktueller Opernarbeit 129
Discographie 131
Bildquellennachweis 140

Anstelle eines Vorworts

Wer sie einmal hörte, vergißt den unverwechselbar dunkel-suggestiven, ausdrucksstarken Klang ihres Mezzosoprans nie. Wer sie auf einer der großen Opernbühnen der Welt erlebte, gewann einen Maßstab für leidenschaftlich geformte Rollen-Interpretationen – man denke nur an den von ihr einzigartig verkörperten »Octavian« im *Rosenkavalier* von Richard Strauss.

Wer ihre Lied-Wiedergaben kennt, kann sich dem Banne ihrer exemplarischen Deutungen nicht entziehen – signifikant unvergleichlich bei der *Winterreise* Franz Schuberts.

Wer sich die Breite ihres Repertoires vergegenwärtigt, staunt immer neu über die Charakterisierungsfähigkeit auch bei konträren Anforderungen.

Wer sich bezeichnender Eindrücke in ihren Inszenierungen erinnert, der weiß, daß er es mit überzeugenden Auseinandersetzungen eines eigengeprägt künstlerischen Menschen mit seiner Zeit zu tun hat.

Wer Brigitte Fassbaender begegnete, mit ihr sprach, ist und bleibt gefesselt von der Ausstrahlung dieser faszinierenden Persönlichkeit. In ihren reichen Augen sammeln sich Intensität wie Vehemenz, Intelligenz und Vitalität einer großen Künstlerin, eines großartigen Menschen.

Die Sängerin Brigitte Fassbaender hat ihre »Laufbahn« abgeschlossen – bewundernswert bewußt den Höhepunkt ihrer Tätigkeit als richtigen Zeitpunkt gewählt, den Vorwurf des »zu früh« lächelnd ignorierend.

Alle diese Worte klingen nach Epilog, stellen aber in Wirklichkeit keinerlei Finale dar. Sie sind Vorwort – schon deshalb, weil Brigitte Fassbaender ungern zurückblickt. Sie ist viel zu neugierig auf das, was die Zukunft ihr bringen wird.

Zeittafel

1939 Geboren am 3. Juli in Berlin als Tochter der Schauspielerin Sabine Peters und des Baritons Willi Domgraf-Fassbaender
1944 Evakuierung zu den Großeltern nach Dresden
1945 Erlebnis der Bombennacht am 13. Februar. Rückkehr nach Berlin und Einschulung
1948 Übersiedlung nach Hannover, Schülerin des Sophiengymnasiums
1952 Rückkehr nach Berlin, Besuch des Gertraudengymnasiums
1958 Übersiedlung nach Nürnberg, Besuch des Konservatoriums und Beginn des Gesangsstudiums beim Vater
1960 Vorsingen in der Bayerischen Staatsoper am 12. Dezember im Prinzregententheater
1961 1. April: Antritt des Engagements an der Bayerischen Staatsoper. Im Mai erster Auftritt als vierter Page im *Lohengrin*, als Niklaus in *Hoffmanns Erzählungen* und als dritter Knabe in der *Zauberflöte* unter Hans Knappertsbusch. Altpartie in *Thamos* (Mozart) und Page in Strauss' *Salome* unter Karl Böhm neben Lisa della Casa, Astrid Varnay, Dietrich Fischer-Dieskau und Gerhard Stolze. Olga in *Eugen Onegin*: Premiere neben Fritz Wunderlich, Hermann Prey und Teresa Stratas
1962 Mitwirkung im neugegründeten Opernstudio der Bayerischen Staatsoper. Hochzeit mit Regisseur Gerhard Weitzel. Hänsel in *Hänsel und Gretel*
1963 Erstmals Djamileh in Bizets gleichnamiger Oper und Dorabella in *Così fan tutte*, im Rahmen der »Jungen Staatsoper«, dritte Norn in der *Götterdämmerung*, Altpartie in Strawinskys *Les noces* unter Rafael Kubelik, Annius in Mozarts *Titus*, Schwertleite in der *Walküre*. Erste Rundfunkproduktion (*Feuersnot* von Strauss), erste Schallplattenaufnahme (*Heinerle, Heinerle, hab' kein Geld* aus Leo Falls *Fidelem Bauer*). Liederabend und Beethovens 9. Sinfonie in Bamberg
1964 Annina im *Rosenkavalier*. Fernsehproduktion von Glucks *Pilger von Mekka*

1965 Fernsehproduktion von *Madama Butterfly* mit Anneliese Rothenberger. Neueinstudierung *Così fan tutte* in Düsseldorf. In Bordeaux erstes Auslandsgastspiel (Page in *Salome*). Erste *Matthäuspassion* in Nürnberg. Platteneinspielung von Alessandro Scarlattis *Il Giardino di Amore*, Clarissa in Rossinis *Liebesprobe* bei den Münchener Festspielen, Regie Günther Rennert

1966 Erstes *Weihnachtsoratorium* unter Karl Richter. Gastspiel *Così fan tutte* in Frankfurt. Münchner Festspiele: *Agrippina* von Händel. Bach-Kantaten unter Richter, Bachs *Johannespassion* und *Magnificat* in Oxford. Schallplattenproduktion *Eugen Onegin*. Bach-Passionen in Perugia unter Wolfgang Sawallisch, *Il Pescatori* von Haydn, erstmals Verdi-*Requiem*, Liederabende

1967 *Salome* an der Mailänder Scala. *Stabat mater* (Pergolesi). Schallplattenproduktionen von *Titus* (neben Teresa Berganza) und den *Meistersingern von Nürnberg* unter Rafael Kubelik. Mozart-*Requiem* in Wien, erstmals Octavian im *Rosenkavalier* in der alten Hartmann-Inszenierung der Bayerischen Staatsoper.

1968 Übernahme der Eboli in Verdis *Don Carlos*, *Judas Maccabäus* (Händel), Schallplatteneinspielung von *Martha* (Flotow) neben Anneliese Rothenberger, Nicolai Gedda und Hermann Prey. Bei den Münchner Festspielen *Oberon* (Partie der Fatime), Cherubino im *Figaro* unter Karl Böhm. Rossinis *Der Türke in Italien*, Regie Günther Rennert. Mahlers *Lied von der Erde* mit Sawallisch in Hamburg, Neuinszenierung *Rosenkavalier* in Darmstadt. München: *Scheherazade* (Ravel), *El amor brujo* (de Falla) unter Rudolf Kempe

1969 Bach-Passionen im WDR Köln und in München und Stuttgart; Liederabende. *Xerxes* (Händel), *Sommernachtstraum* (Mendelssohn) unter Klemperer, *Rheingold*-Neueinstudierung in München mit Rennert, Partie der Fricka. Bruckner-*Te Deum* in Perugia. *Carmen* in München. Liedertournee durch Schweden und Dänemark mit Irmgard Seefried

1970 In München: *Fledermaus*, *Ring*, *Don Carlos*, *Carmen*, *Lulu*, *Zauberflöte*. *Carmen* in San Francisco, Konzerte in Salzburg (Mozarts *Mitridate*), Berlin (*Johannespassion*), Osaka (Beethovens 9. Sinfonie unter Karajan) und Rom (Beethovens 9. Sinfonie sowie Schumanns *Genoveva*)

1971 Neue Rolle: Marina in *Boris Godunow* in München mit Rafael Kubelik und Günther Rennert. Uraufführung von Karlheinz Stockhausens *Stimmungen* (Pariser Fassung) in Paris. Gastspiele in Hamburg als Eboli in *Don Carlos*, London (*Rosenkavalier* unter Josef Krips), Gent, Brüssel, Rom. Konzerte unter Kempe, Abbado, Sawallisch, Giulini, Kertesz, Kubelik in Zürich, Berlin, München, Mailand, Luzern

1972 In Paris Brangäne in *Tristan und Isolde*; *Rosenkavalier*-Neuinszenierung in München mit Carlos Kleiber und Otto Schenk. Gastspiele u. a. in Prag, Zürich, Salzburg, Berlin (in Johann Straußens *Fledermaus*). *Così fan tutte* bei den Salzburger Festspielen mit Günther Rennert und Karl Böhm. Rundfunk-, Platten- und Fernsehaufnahmen

1973 Neue Rolle in München: Sesto in *La clemenza di Tito*, Inszenierung Jean-Pierre Ponnelle; Gastspiele in Berlin, Salzburg, Pittsburgh. *Das Rheingold* in der Mailänder Scala. Konzerte u. a. in Salzburg, New York, Paris

1974 Debut *Rosenkavalier* an der New Yorker Met und in Tokyo, dort auch mit der *Walküre*. Konzerte u. a. in Lausanne, Minnesota, Kopenhagen

1975 Gastspiele in Wien, Dresden, London (*Rosenkavalier* in Covent Garden). Bartóks *Herzog Blaubarts Burg* in Lausane. Bei den Münchner Festspielen erster Auftritt im italienischen Fach in Verdis *Don Carlo* in der Regie Otto Schenks und unter der musikalischen Leitung von Georges Prêtre mit Ruggero Raimondi, Carlo Cossutta, Eberhard Waechter und Katia Ricciarelli

1976 Uraufführung von *Kabale und Liebe* (Gottfried von Einem) in Wien. *Rosenkavalier* in der Mailänder Scala unter Carlos Kleiber. Marie in *Wozzeck* in Berlin. Quickly im *Falstaff* bei Günther Rennerts Abschied in München

1977 Charlotte in *Werther* (Massenet) mit Plácido Domingo, Regie Kurt Horres; Gastspiele u. a. in Oslo, Paris, Berlin, konzertante Wiener Aufführung von *Oedipus Rex* (Strawinsky)

1978 Neuinszenierung *Così* mit Margaret Price in München, Regie Gian Carlo Menotti. Gastspiele in Wien und Frankreich

1979 Amneris in *Aida* unter Riccardo Muti, Elisabetta in Donizettis *Maria Stuarda* mit Montserrat Caballé, *Così* in London unter Karl Böhm. Konzerte mit u. a. Mahlers *Wunderhorn*-Liedern mit Fischer-Dieskau in Saarbrücken und Schönbergs *Gurre-Liedern* in Zürich und Berlin. *Hänsel und Gretel*-Film mit Edita Gruberova, Regie August Everding. Beginn der Meisterkurs-Tätigkeit

1980 Gastspiele in Florenz (Neuproduktion *Hoffmanns Erzählungen*, Regie Luca Ronconi), Salzburg (Mozarts *La finta giardiniera*), Konzerte in München (Bachs h-Moll-Messe, As-Dur- und Es-Dur-Messe von Schubert). Arena di Verona, Rom: Verdi-*Requiem* unter Muti

1981 *La clemenza di Tito* in Edinburgh und Köln, Verdi-*Requiem* in London. Mehrere Plattenaufnahmen

1982 *Lulu* in Berlin, Regie Götz Friedrich, *Werther* in Zürich, *Rheingold* und *Walküre* in Wien unter Zubin Mehta. Konzerte u. a. in Prag und München

1983 *Lulu* in London (Covent Garden) und Wien unter Lorin Maazel, Verdi-*Requiem* unter Giuseppe Sinopoli in London, Glucks *Orfeo ed Euridice* in München mit Lucia Popp. Beginn der jährlichen Liederabende in London, Wigmore Hall
1984 Waltraute in der *Götterdämmerung* in Bayreuth unter Georg Solti. *Werther*-Film in Prag, Konzerte unter Sinopoli, Mehta, Giulini, Sawallisch und Bernstein. Vermehrte Liederabendtätigkeit
1985 Liederabende und Opernvorstellungen z. B. in München, Wien, Hamburg, Berlin und San Francisco. Konzerte u. a. in San Francisco, Chicago, Berlin, London und Salzburg unter Solti, Riccardo Chailly und Sinopoli. Beginn der jährlichen Tätigkeit bei der Schubertiade Feldkirch
1986 Amme in Strauss' *Frau ohne Schatten* in der Mailänder Scala, Regie Ponnelle, *Walküre* in Madrid und an der Met, dort auch *Rosenkavalier*. Mehrere Konzerte mit Giulini
1987 Neuinszenierung *Falstaff* in London sowie von Giorgio Strehler in München. Gastspiele an der Met, in Wien, Berlin, Salzburg. Neuinszenierung der *Elektra* in Wien unter Claudio Abbado und Harry Kupfer
1988 Konzerte in Boston, New York (Mahlers *Wunderhorn*-Lieder unter Ozawa), Berlin, Wien, Frankfurt (*Gurre-Lieder* unter Abbado), London, Mailand (Mahlers *Lied von der Erde* unter Giulini in der Scala). Neuinszenierung *Salome* in Chicago und *Capriccio* beim Strauss-Festival in München. Bei den Münchner Festspielen sämtliche Strauss-Partien, Abschied vom Octavian
1989 *Tristan* in Madrid und Barcelona, *Lied von der Erde* unter Boulez in Paris. Konzerte und Aufnahmen unter Chailly. Einstudierung des *Rosenkavaliers* als Spielleiterin in München
1990 Glyndebourne (*Capriccio*) unter Bernard Haitink, München (*Salome*) und Berlin unter Mehta, Tokyo (*Lied von der Erde*), London (*Lied von der Erde* unter Rattle), *Fledermaus* in London unter André Previn, *Elektra* in Wien unter Abbado und Kupfer. Coburg: Inszenierung *La Cenerentola*
1991 *Lulu* in Paris, *Salome* in Florenz. Konzerte mit Werken von Mahler in London, Genf, Stockholm, Kopenhagen und abermals in London (unter Ashkenazy)
1992 Drei eigene Inszenierungen: *Der ferne Klang* (Schreker) in Leeds, *Lulu* in Innsbruck und *Hänsel und Gretel* in Augsburg. Rege Tätigkeit bei Meisterkursen
1993 Inszenierungen: *A Midsummer Night's Dream* (Britten) in Amsterdam, *Zauberflöte* in Coburg. Konzerte u. a. in Leipzig, Paris, Tel Aviv und Athen. Überwiegend Liederabendtätigkeit mit weit über 30 Auftritten

1994 *Elektra* an der Met unter James Levine. Letzter Opernauftritt. Inszenierungen: *Rosenkavalier* in Oldenburg, *A Midsummer Night's Dream* in Tel Aviv. Am 19. Dezember letzter Liederabend im Bahnhof Rolandseck
1995 Operndirektorin am Staatstheater Braunschweig ab 1. April. Inszenierungen: *La Cenerentola* in Wiesbaden, *Midsummer Night's Dream* in Braunschweig, *Ariadne* in Meiningen. Auftritt als Sprecherin in Schönbergs *Gurre-Liedern*
1996 Inszenierungen: *Don Giovanni* in Oldenburg, *Tristan und Isolde* in Braunschweig, *Susannah* (Carlyle Floyd) in Wien, Musical *Das Lächeln einer Sommernacht* (Stephen Sondheim) in Braunschweig
1997 Am 31. Juli Ende des Braunschweiger Vertrages. Inszenierungen: *Pelléas et Mélisande* (Debussy) in Braunschweig, *La Traviata* in St. Gallen. Rezitationen: *Pierrot lunaire* (Schönberg) und *Die schöne Magelone* (Brahms). Meisterkurse
1998 Inszenierungen: *Lucio Silla* (Mozart) in London und Kopenhagen (Tournee), *Rigoletto* in Chemnitz, CD-Aufnahme von Debussys *La boîte à joujoux* (»Die Spielzeugschachtel«). Meisterkurse. Melodramenabend in Feldkirch. *Pierrot lunaire* in London
1999 Inszenierung der *Zauberflöte* in Meiningen. Ab 1. September Intendantin des Tiroler Landestheaters Innsbruck, Vertrag bis 2004. Inszenierung *Orpheus in der Unterwelt*

Ein Autogrammfoto aus dem Jahr 1967

Vom Wesen und Wirken einer Sängerin

Mitte des Jahres 1962 hatte ich die Münchner Festspiele besucht. Um einen Bericht für den Rundfunk einzusprechen, ging ich in eines der Aufnahme-Studios des Bayerischen Rundfunks. Kaum war mein Beitrag fertiggestellt, der Technik-Raum verlassen, stieß ich fast mit einer mir entgegenkommenden jungen Dame zusammen, die schnellen Schrittes aus dem Seitengang kam. Ich erkannte schlagartig, daß es sich um Brigitte Fassbaender handeln mußte, die in der *Salome* als Page, als Olga in *Eugen Onegin* und schließlich als Niklaus in *Hoffmanns Erzählungen* mit einer außergewöhnlich schönen Stimme aufgefallen war. Spontan fragte ich sie, ob sie mir zu einem Interview zur Verfügung stehen würde – verschiedene Sender stellten guten Nachwuchs gern vor, auch hinsichtlich einiger Fachorgane hätte ich Abnehmer gehabt. Sie war sofort einverstanden, fragte nach einem Termin. Da ich die für meinen genannten Bericht angesetzte Zeit nicht ausgeschöpft hatte, bat ich sie sogleich in dieses Studio. Sie erzählte dann frisch von der Leber weg, ohne die geringste Scheu, von ihrem ersten Jahr an der Münchener Staatsoper. Als wir die wichtigsten Aktualitäten »abgehakt« hatten, waren fünfzehn Minuten und dreißig Sekunden vorbei – eine ideale Länge – und überhaupt ein ideales Interview, denn es war nicht ein einziger Schnitt notwendig, der Redefluß wirkte absolut natürlich. Dergleichen habe ich in vielen Jahren, in denen ich Interviews machte, nicht wieder erlebt. Sollte man von jugendlicher Unbekümmertheit, Nonchalance sprechen, oder hatte sie nur entsprechend viel Profi-Blut in den Adern? Routine konnte es nicht sein.

Von Anfang an war Professionalität die unverrückbare Basis ihrer Arbeit. Ihr kann niemand etwas vormachen, wie sie auch anderen nichts vormacht. Der Einfluß ihrer Eltern war sehr stark. Wer diese beiden Künstler auf der Bühne oder im Film erlebt hatte, erkannte sogleich das Fundament, auf dem ihre eigene Karriere so sicher und konsequent aufgebaut war. Ich war hingerissen von der berührenden Schönheit der Schauspielerin Sabine Peters, ohne ahnen zu können, daß es sich bei ihr um die Mutter einer bald weltberühmten Sängerin handelte. Vor allem die Sogkraft ihrer dunklen Augen haftet im Gedächtnis, ein Liebreiz, dem man sich kaum entziehen konnte. Und wer das Glück hatte, vor dem 13. Februar 1945 die Dresdener oder Berliner Staatsoper besuchen zu können, traf immer wieder auf einen Bariton, dessen zugleich kerniger wie geschmeidiger Klang besonders bei Mozart ungemein berückte. Der Name dieses exzellenten Sängers war ein Begriff: Willy Domgraf-Fassbaender.

Schallplatten künden noch heute von dem Ausnahme-Rang dieses Sängers, der mir – ohne es zu wissen – in einer schwierigen Lebenssituation viel hatte helfen können. Ich wurde gegen meinen Willen in einer Feierstunde als »Luftwaffenhelfer« verpflichtet, die in Dresden stattfand und mit Opern-Arien garniert wurde – etwa der das Soldatendasein ironisierenden Arie des Figaro aus Mozarts Oper *Figaros Hochzeit*. Diese Arie sollte mich zusammen mit dem typischen Fassbaender-Timbre noch lange tröstend begleiten.

Der Weg, den Brigitte Fassbaender von einem vielfältigen und verheißungsvollen Start her nahm, vollzog sich mit einer fast selbstverständlich zu nennenden Folgerichtigkeit. Der damals kaum verwendete Begriff des »Sensationellen« könnte herangezogen werden, wenn er zu dieser Sängerin passen würde. Eher ließe sich behaupten, daß ein aufregend zielsicherer und logischer Aufbau eines Repertoires statthatte. Wer in diesem Sinne einen Rückblick formuliert, darf von eiserner Disziplin bei der Arbeit sprechen.

Schon kurz nach der Gründung des Nachwuchs-Studios der Bayerischen Staatsoper – der »Jungen Staatsoper« – gab sie in diesem Rahmen 1962 ein entscheidendes Rollendebut: »Dorabella« in Mozarts *Così fan tutte*. Diese schillernd-sinnliche Figur gestaltete Brigitte Fassbaender mit Witz und Liebreiz, mit Schalk und Pfiff, erfüllt von unwiderstehlichem Charme. Die Dorabella sollte zu einer ihrer »Hauptrollen« werden, die mitzuerleben ein immer neues Vergnügen war. Die berühmte Aufführung der Salzburger Festspiele von 1972 unter der szenischen Leitung von Günther Rennert und der musikalischen von Karl Böhm hat Interpretationsgeschichte geschrieben. Da herrschte noch der alte Ensemble-Geist, ergänzt von dem, was – schwer zu definieren – »Mozart-Stil« hieß: für die sechziger und siebziger Jahre gültig als Zeichen eines perfekten Ästhetizismus, der nie unverbindlich wirkte, einheitlich in der Ausdrucksgestaltung, geschlossen in der luziden musikalischen Prägnanz. Gebändigte Vitalität verband sich mit geistsprühender Brillanz eines jeden Blickes, eines exakten Reagierens im Sinne einer vollkommenen Improvisation, wie sie nur auf der Basis einer unerbittlich genauen Detailarbeit entstehen kann. Brigitte Fassbaenders Dorabella war »Mozart pur«.

Jenes becircende Äußere der Brigitte Fassbaender spürte man nicht nur bei ihrer Dorabella, sondern auch in weiteren Mozart-Opern: in

Mitridate und *La finta giardiniera*, in der *Zauberflöte* (eine der drei Damen der »Königin der Nacht«) sowie als »Sesto« oder »Annius« im *La clemenza di Tito*. Mit ihrem Reichtum an schauspielerischen Nuancierungen und bewußtem Auswerten des Melodischen in direktem Bezug zur Szene – zum Sinn des gesungenen Wortes – ist ihr »Cherubino« aus der *Hochzeit des Figaro* eine signifikante Interpretationsleistung: mit fiebrig glühendem, ja hemmungslos schwärmerischem Liebesgirren. Diese Rolle des verwirrenden, aber auch selbst vor lauter Liebeslust verwirrten Pagen vermochte sie glaubwürdig auszuschöpfen. Von der Rennert-Inszenierung des Jahres 1968 an war der Mozart-Freund wie der Fassbaender-Fan hingerissen von einem Cherubino, dem man nicht zuletzt das angeborene Lausbübische abnahm. Die Natürlichkeit ihrer Spielbegabung demonstrierte sie hierbei unaufdringlich. Das gekonnt Schlaksige der Bewegung und das handfest Humorvolle der Figur traf sie so genau, daß man meinen konnte, so und nicht anders dürfte sich Mozart den Cherubino vorgestellt haben. Um diese und die zahlreichen anderen Hosenrollen bewältigen zu können, mußte Brigitte Fassbaender allerdings auf eine ihrer Leidenschaften verzichten – das gute Essen. Erfreulich, daß sie sich dabei keine Einbuße an Stimmkraft und -schönheit einhandelte. Sie versteht es halt, Intensität und Temperament miteinander zu verbinden – Kopf und Kehlkopf gehören bei ihr zusammen – unausweichlich, streng kontrolliert.

Brigitte Fassbaender hat so gut wie alles gesungen, was Oper und Konzert für ihre Stimme anzubieten haben, wenn auch vieles davon nur im Schallplattenstudio. In Leo Falls *Fidelem Bauer* war sie ebenso zu hören wie in Alban Bergs *Lulu* (als Gymnasiast und Gräfin Geschwitz). Ausgefallenes wie *Romeo und Julia* von Berlioz, *Palestrina* von Pfitzner und *Oedipe* von Enesco ist dabei – wie bekannte Werke in ihrer ganzen Breite von *Carmen* bis *Martha*, von *Faust* bis *Hänsel und Gretel*, von *Eugen Onegin* (eine berückende Olga) bis zur *Schönen Helena* und der *Fledermaus* (dem berühmten Orlofsky, den sie nicht nur dank der Otto-Schenk-Inszenierung tüchtig aufwertete). Die *Frau ohne Schatten* (Richard Strauss) fehlte ebenso wenig wie die *Salome*, *Elektra* wie Massenets *Werther* (dessen »Charlotte« Brigitte Fassbaender für eine ihrer Lieblingsrollen hält) oder Puccinis *Manon Lescaut* und *Madama Butterfly* (auch in einer Fernseh-Produktion des ZDF) wie der *Walzertraum* von Oscar Straus. Und dazu kam Wagner (mit *Tristan*, mit den *Meistersingern* und dem *Ring*), dann Verdi (*Die Macht des Schicksals*, *Don Carlos*, *Trovatore*; *Rigoletto* und *Traviata*).

Um den Radius ihrer sängerischen Aufgaben abzustecken, sei auf einige Plattenproduktionen zurückgegriffen, sowohl im sinfonischen Bereich als auch im oratorischen, und schließlich das Lied. Da treffen wir auf gleich drei Einstudierungen der 9. Sinfonie Beethovens, auf Produktionen von Mahlers 2. und 8. Sinfonie neben dem *Lied von der Erde*, dem *Klagenden Lied* und allen seinen Liederzyklen. Johann Sebastian Bach war dabei, u. a. mit der h-Moll-Messe, dem *Weihnachtsoratorium* unter der Leitung von Eugen Jochum und der *Johannespassion* unter Wolfgang Gönnenwein. Sie sang in Dvořáks *Requiem*, im *Requiem* von Paul Hindemith, im *Messias* von Händel und in der Pauken-Messe Joseph Haydns (unter Leitung Bernsteins), sämtliche Schubert-Messen, Schönbergs *Gurrelieder* neben Rossinis *Petite Messe Solennelle* sowie Schumanns *Paradies und die Peri*, Weills *Sieben Todsünden* oder Musorgskijs *Lieder und Tänze des Todes*.

In ihren Liederaufnahmen dominierte die Romantik sehr entschieden. Ihr Lieblingskomponist Franz Schubert stand im Mittelpunkt ihrer Programme – nicht nur die *Winterreise*, sondern auch die weiteren Zyklen, die gemeinhin einem Sänger vorbehalten sind, *Schwanengesang* und *Schöne Müllerin*. Da mag man Wiedergaben von Brahms- und Schumann-Liedern, Liszt- wie Loewe-, Wolf- und Schönberg-Liedern im Vortrag dieser Mezzo-Sopranistin bedeutsam finden – ihre Schubert-Interpretationen zeugen am deutlichsten von Gestaltungsreichtum, Können und Wissen.

Der Kritiker Thomas Voigt schrieb anläßlich der *Winterreise* mit Aribert Reimann am Klavier: *Fassbaender gehörte nie zu denen, die immer auf Nummer sicher singen. Sie liebt die Herausforderung und riskierte oft mehr, als nach den Regeln der Stimmtechnik und -ökonomie erlaubt war; und gerade das dürfte ihr eine ungeheure Ausdrucks- und Überzeugungskraft gegeben haben – exemplarisch zu hören in ihrer Aufnahme von Schuberts Winterreise mit Aribert Reimann: Gibt es eine ähnlich konsequente, ähnlich dringliche Interpretation dieses Zyklus auf Platten, so weit entfernt vom Kammersänger-Ton, so nah am Nerv der Musik?*

Die Summe dessen, was Brigitte Fassbaender sängerisch geleistet hat, ist in dieser *Winterreise*-Wiedergabe zu erfahren. Sie enthält praktisch alle Varianten der Expression, die dieser Sängerin zur Verfügung stehen und ihr Wesen wie ihr Wirken aufzeigen. Gleich das erste Lied – *Gute Nacht* – nimmt den Hörer unmittelbar gefangen, mit dunklen Akzenten des *Fremd bin ich*, der Kälte in *trüber Welt*, mit einem bezeichnend eindringlichen »a« in *Schatten* beispielsweise, einem gradlinig unerbittlichen »a«, wie es immer wieder in diesem Liederzyklus auftaucht. Die Tragödie wird vorausgefühlt – mit Hilfe einer breiten Skala der Dynamik. Der Wanderer ist bei Brigitte Fassbaender noch unentschieden, weiß nicht, ob er dem *wunderlichen Alten* folgen soll. Mit einer unbeantworteten Frage endet denn auch die *Winterreise* Schuberts. Im Lied *Die Wetterfahne* sang Brigitte Fassbaender Verzweiflung heftig passioniert aus, tiefe Trauer und Melancholie sind Klang geworden. Variationen des Finsteren, Glücklosen und des Aufbegehrenden, das pure Entsetzen nehmen in *Gefrorne Tränen* Gestalt an.

Unheilvoll langsam wählte die Sängerin den Vortrag vom *Lindenbaum* — unendliche Trauer wurde verkündet, nachdenklich lyrisch. Im Lied *Auf dem Flusse* erregte das Stockende im Wechsel zu bannender Intensität — gleicherweise im Klavierpart wie in der Gesangslinie. Schaurig erklang das »a« an der Stelle *In deine Decke grab ich*. Häme kam auf. Im *Frühlingstraum* gab sich das *kalt und finster* unerbittlich scharf. Dann in *Der greise Kopf ... daß mir's vor meiner Jugend graut*, beklemmend, wenn Brigitte Fassbaender es sang, das Entsetzen herausstieß — bis hin zum Wort *Bahre* — wiederum mit Nachdruck auf dem Vokal A, ohne Vibrato, gleichsam hohl. Hier merkt man, wie perfekt die Sängerin die Stimme im Klang beließ und zuverlässig deutliche Deklamation erzielte. Unheimlich wurde es mit diesem Zusammengehen von Singen und Sprechen in weiteren Liedern der *Winterreise*, im Lied von der Krähe beispielsweise. Kälte und Winterwald ließen die Stimme schneidend klingen. Introvertiert und erschütternd beschrieb Brigitte Fassbaender im Lied *Der Wegweiser* den Weg, den *noch keiner ging zurück*. Packend gesungen der Hohn, der Spott bei *will kein Gott auf Erden sein, sind wir selber Götter* im Lied *Mut*. Und der *Leiermann* wird als eine mild ergebene Gestalt gesungen, doch mit einem Aufbäumen in den letzten zwei Takten zum Text *willst zu meinen Liedern deine Leier drehn?*, so daß Brigitte Fassbaender von der Interpretation her andeutete, es könne noch nicht entschieden werden, ob der Wanderer unausweichlich dem Tode folgt oder ob er noch eine Gnadenfrist erhält. Doch wenn man genau hinhörte, spürte man aus der abgrundtiefen Traurigkeit, mit der Brigitte Fassbaender dieses letzte Lied der *Winterreise* sang, daß es kaum einen Aufschub geben wird, das Unerbittliche bestimmend bleibt.

In der Wiedergabe der *Winterreise* Schuberts fand bei Brigitte Fassbaender eine Identifikation statt, die entscheidend ist für die eindringliche Kraft der Deutung. Es gibt sehr wenige Sängerinnen, die sich an diesen, in Schuberts Worten, *Zyklus schauerlicher Lieder* wagten. Das Melancholische in diesen Liedern entsprach ihrem eigenen Wesen. Dabei ist sie durchaus ein fröhlicher Mensch.

Schon am Anfang ihrer Tätigkeit stellte Brigitte Fassbaender das Lied gleichberechtigt neben ihre Opernarbeit. Das anfangs geringe Interesse des Publikums hielt sie nicht davon ab, diese Kunstform konsequent zu pflegen. Sie wußte, daß sie dabei *nah an der Materie war, ganz bei sich selbst, ohne Ablenkung durch Orchester und Maske, nicht von Kollegen umgeben*. Und so glaubt man ihr sofort die Feststellung: *Wenn mir die Winterreise gelang, wußte ich, weshalb ich diesen schwierigen Beruf wählte*.

Gewiß, wir hätten es gern gehabt, sie noch oft in Liederabenden hören zu können — und sei es nur mit dieser *Winterreise*. Aber der Entschluß, auf dem Höhepunkt ihres Weges Abschied zu nehmen von einem

Beruf, der einen mitdenkenden Menschen durchaus die Gefahr von Routine rechtzeitig merken läßt, ist bewundernswert. Sie scheute davor zurück, bis in die Zeiten nach dem Höhepunkt der Karriere auf ausgetretenen Pfaden weiterzugehen. Und so erklärte Brigitte Fassbaender in einem Interview, das Helmut Mauró für die *Süddeutsche Zeitung* machte: *Es ist schon ein gewaltiger Schritt, eine große Entscheidung. Nach 33 Jahren im Rampenlicht möchte ich mich zurückziehen und nur noch der Regie widmen. Nicht der Abschied vom Publikum fällt mir schwer, sondern der von Schubert, Wolf und anderen.*

Sehr kennzeichnend ist ihre Auffassung über die Arbeit an Musikhochschulen. Sie war acht Jahre in München an der Hochschule tätig. *Ich unterrichtete gerne, aber nur Stimmen, bei denen es sich lohnte. In einem Hochschulbetrieb kann man sich die aber meistens nicht aussuchen. Da hat man mit sehr viel Mittelmaß zu tun. Die Gesangsklassen werden vollgestopft, um die Lehrdeputate zu erfüllen, elitäre Auswahl ist nicht mehr gefragt. In den acht Jahren an der Hochschule hatte ich vielleicht drei Stimmen, für die sich die Arbeit gelohnt hat.*

Wenn gute Stimmen entdeckt werden, aber ein schauspielerisches Talent fehlt, was macht Brigitte Fassbaender in diesem Falle? *Denen empfehle ich die Metropolitan Opera, da ist es noch ziemlich egal, wie und wo man herumsteht, Hauptsache, an der Rampe. Dort können sie sich entfalten.*

Daß Brigitte Fassbaender selber nach kurzer Studienzeit schon mit 21 Jahren an die Bayerische Staatsoper engagiert wurde, ist als extreme Ausnahme zu werten. Sie spielte in ihren Anfangsjahren jeden Pagen und jede Magd, die sich in der Opernliteratur finden läßt. Nach und nach übernahm sie auch mittlere und größere Aufgaben des Repertoires, bis ihr 1965 bei einer Neuproduktion von Rossinis Oper *Die Liebesprobe* mit der Partie der Clarissa der endgültige Durchbruch gelang. Hier – wie dann auch beim Hänsel in Humperdincks *Hänsel und Gretel* – war ihre excellente Spielbegabung zu bestaunen. Gerade beim Hänsel ließ sich – wie bald in weiteren Rollen – von einer Ideal-Interpretation sprechen, gewonnen aus der Übereinstimmung von Musikalität, Stimm-Timbre und angeborener Komödiantik.

Ungewöhnliche Aufgaben erfüllte Brigitte Fassbaender mit unvermindertem Engagement, sei es bei Alessandro Scarlattis kurz nach 1700 entstandenen Oper *Il Giardino di Amore*, hinreißend klar und passioniert gesungen – man denke an die Arie der Venus. Oder sei es in Dvořáks Oratorium *Die heilige Ludmilla*: In weichem Des-Dur glitt die Stimme dahin, so, als setze sie das Violoncello-Solo vocaliter fort, um in die Geheimnisse eines dunklen Waldesgrundes hineinzuleuchten, schwärmerisch und sehnsuchtsvoll, doch nie sentimental.

Bei der Charlotte in Massenets *Werther* konnte sich Brigitte Fassbaenders einfühlsame und mit jeder Note glaubwürdig faszinierende

Interpretation bewähren. Speziell die Massenet-Oper lag der Sängerin haargenau, so daß es nicht verwundert, wenn sie erklärte, diese Rolle sei ihr eine der liebsten, vielleicht sogar die liebste überhaupt. Das Werk ist in einer Münchner Staatsopernproduktion mit Brigitte Fassbaender, Plácido Domingo in der Titelrolle, dem Regisseur Kurt Horres und dem Dirigenten Michel Plasson Ende des Jahres 1977 gelungen wiedergegeben. Die Nuancen der Stimmfarbe, die stilistische Präzision der romantischen Vorlage und eine weitgreifende Ausdruckspalette zeichneten sowohl Brigitte Fassbaender als auch Domingo aus. Brigitte Fassbaender betonte das Leidende eines Mädchens, das liebende Frau sein möchte und nicht kann oder darf. Das Ringende in dieser Figur, das Verzweifelte auch, stellte diese Sängerin bewegend eindringlich dar, die Stimme als Ausdrucksträger, nicht als schönen Selbstzweck auswertend.

Bleibt, den Octavian der Brigitte Fassbaender herauszustellen, eine kaum zu überbietende Leistung vom Musikalischen wie vom Darstellerischen her. Es gibt wohl kaum eine Bühne von besonderer Ambition in der Welt, die sich diesen Octavian hätte entgehen lassen. Sie sang diese Partie wirklich an allen großen Häusern – für sie fast bis zum Überdruß. Dabei konnte sich kaum ein Opernfreund satthören und -sehen an diesem unübertroffenen Rosenkavalier. Brigitte Fassbaenders unvergleichliche Ausstrahlung hat bei dieser Rolle über ein Vierteljahrhundert hin nicht nachgelassen. Trat sie zu Beginn des II. Akts in das Faninal-Haus und traf auf Sophie, stellte sich jedesmal ein Elektrisieren ein – das Prickeln im Rücken des Hörers. Wenn sie zu singen begann, war das Publikum gebannt von der voluminösen, doch nie pastosen Stimme, deren dunkler Klang für diese Rolle ebenso ideal zu nennen ist wie die darstellerische Leidenschaft, die man als einen Glücksfall hinsichtlich der dramaturgischen Präzision, der Bravour der Aktionen und der Schärfe des Durchdenkens dieser Figur werten darf. Hier erfuhren wir exakte Detailarbeit im Szenischen und eine psychologische Durchdringung im Musikalischen. Vor allem im weiteren Verlauf des II. Akts der Oper entsprechen sie entschieden den Forderungen des Textes von Hugo von Hofmannsthal und der Komposition von Richard Strauss. Charme und verführerische Leidenschaft vereinten sich bei Brigitte Fassbaenders Octavian in absolut vollendeter Weise. Das »Aus-der-Haut-fahren-Können« wird von ihr so gespielt, daß man es tatsächlich für bare Münze nimmt, ohne daß aber die Diktion des Librettos angekratzt gewesen wäre. Herrlich der Wechsel vom »lieben Buben« mit der naiv-draufgängerischen Art des Siebzehnjährigen zum liebenden Jüngling, der besorgt zu Sophie singt: *hat sie kein freundlich Wort für mich*, und zwischen Irritation, tiefer Zuneigung und nachklingender Verwirrung, die die Marschallin angerichtet hatte, hin- und herschwankte. Wann sonst hat man das alles so bestechend genau und sinnvoll zu hören wie zu sehen bekommen? Glanz, Fülle und differenzierter Farbenreichtum, nicht nur bei der köstlich-komischen Verwandlung zum »Mariandl«, vereinten sich zwingend zum immer wieder neuen Ereignis, zum Erlebnis. Singen allein befriedigte Brigitte Fassbaender jedenfalls nie.

Fünf Jahre nach der unglücklichen Begebenheit, daß die Münchener Staatsoper ihr dreißigjähriges Bühnenjubiläum überging, war die vom Glück ansonsten reich beschenkte Sängerin nicht mehr gewillt, noch einmal eine Opernbühne oder ein Konzertpodium zu betreten. Die *Zeit* überschrieb ein Portrait von Brigitte Fassbaender mit *Das furchtbare Glück*. Diese Sängerin war Kummer im Beruf gewohnt – und der ständige Kampf um Perfektion ließ sie im Leben allzu viele Einschränkungen machen, von denen sie sich endlich befreien wollte. So schön die Stimme war, so wenig mochte Brigitte Fassbaender weiter »Sklave dieser Stimme« sein – und der Kulturbetrieb sagte ihr sowieso nicht zu, schien doch eine individuelle Entfaltung von Gedanken und Gefühlen abseits der Norm nicht möglich zu sein. So denkt Brigitte Fassbaender in manchem Punkt sehr eigen, betont kritisch, wenn sie beispielsweise sagt: *Es gibt durchaus viele gute Stimmen – auch deutsche Sängerinnen und Sänger, die vielversprechend beginnen. Aber es fehlt an einer Gesangsausbildung, die auch Menschenbildung sein muß. So mancher Intendant, Dirigent oder Agent läßt junge Stimmen nicht hinreichend reifen – sie sind nichts als Wegwerfware und also dem raschen Verschleiß gnadenlos ausgeliefert.*

Die *Frankfurter Allgemeine Zeitung* formulierte hinsichtlich der Doppelbegabung Brigitte Fassbaenders als Sängerin und Schauspielerin: *Ihr eingedunkelter, sinnlich changierender Mezzosopran gab der Figur des Octavian jene erotische Ambivalenz, die die kunstvoll ausbalancierte Handlung erst zur Wirkung bringt.* Diese Wirkung können wir seit 1995 nur noch von der Schallplatte her erfahren (leider nicht beim *Rosenkavalier*, von dem zwar ein ausgezeichnetes Video der Münchener Inszenierung vorliegt, aber keine Platteneinspielung, da der Dirigent Carlos Kleiber die Aufnahme nicht freigab).

Von der unverminderten Kraft und Schönheit, der Intensität und Transparenz ihrer Stimme kann man sich allerdings noch überzeugen, wenn man Brigitte Fassbaender in einem ihrer Meisterkurse erlebt. Über die rein technische notwendige Körper- und Atembeherrschung hinaus, die durch das natürliche Wechselspiel von Spannung und Entspannung entsteht, versucht sie, den jungen Gesangsbeflissenen den aus seelischen Kräften gespeisten leibgeistigen Vorgang des Singens zu vermitteln. Brigitte Fassbaender geht dabei auf ungemein spielerische und plastische Weise vor, feilt mit unermüdlicher Geduld an der Art, wie der Humperdinck-Hänsel sein simples *Eiapopeia* zu singen hat, wie er das Wort *Geheimnis* in die Koloratur einpaßt, wie etwa bei der *Troubadour-*

1977

Leonore die Koloratur als Vermittlung von Glücksgefühl auszuwerten ist, bei Schubert eine charakteristische Stimmung gewonnen werden kann, bei Wagner eine suggestive Linie entstehen soll, das alles macht sie immer wieder vor − und fesselt dabei mit einem absoluten Können, mit Stimmgewalt und Passion der Darstellung. Dieser spezifische Fassbaender-Unterricht, der die Einheit von Technik und musikalischer Expression übermittelt, gestaltet sich jedesmal neu aufregend. Transparenz der Tongebung und emotionale Beteiligung sind wesentliche Komponenten zum Transport von Inhalten.

Es liegt im Wesen dieser Sängerin, nicht nur das Erworbene, das Eroberte an die nächste Generation weiterzugeben, sondern selbst künstlerisch-schöpferisch tätig zu bleiben. Ende des Jahres 1989 erarbeitete Brigitte Fassbaender als Spielleiterin in München die alte Otto-Schenk-Inszenierung des *Rosenkavalier* neu − mit zumeist jungen Rollendebutanten −, zwar im Sinne der ursprünglichen Konzeption, doch mit eigenen Ansichten. Schließlich fand die Schenk-Premiere schon 1972 statt. Inzwischen, nachdem sie den Octavian über zwanzig Jahre gesungen hatte, war Brigitte Fassbaender frei geworden von einer Aufführung, die im Laufe der Jahre mehr oder weniger starke Modifizierungen erhalten hatte, so daß es einerseits leicht wurde, mit ihren eigenen Vorstellungen an die Regie-Aufgabe heranzugehen. Andererseits nahm sich diese Nach-Inszenierung sehr heikel aus, denn, wie sie selbst sagte, das Publikum könnte angesichts des neuen Octavian behaupten: *Mit dem hat sie nicht gearbeitet, sie will nicht, daß ihr jemand nachwächst. Sind die anderen Figuren schwach, heißt es: Sie hat sich nur auf Octavian konzentriert, die anderen Rollen kennt sie sowieso nicht. Halte ich mich streng an das Konzept von Schenk, heißt es, sie hat überhaupt keine eigenen Ideen gehabt. Und mache ich etwas Neues, dann heißt es, warum vertraut sie nicht dem alten Konzept?*

Aber wie immer diese unangenehme Aufgabe ausfiel − und sie fiel faszinierend aus −: Für Brigitte Fassbaender stand nunmehr fest, daß sie es wagen könnte, sich der Regie zuzuwenden. Aber nicht in einem großen Weltstadt-Opernhaus, sondern in der sogenannten Provinz, von der sie sagt, sie fände nur in den Köpfen statt, nicht auf den kleineren Bühnen − vorausgesetzt selbstverständlich, daß dort sinnvoll gearbeitet werde. So formulierte sie in den *Blättern der Bayerischen Staatsoper*: *Das Leben der Figuren auf der Bühne steht und fällt mit dem timing; wer's nicht hat, muß es lernen, dafür braucht man Körpergefühl, viele Proben und einen guten Regisseur. Das Vorurteil gegen regieführende Opernsänger besteht allerdings leider mit Recht. Man läuft Gefahr, nur seine Erfahrungen zu vermitteln. Aber dann könnte ich ja gleich eine Opernschule aufmachen* ... Sie nannte einige Regisseure, deren Inszenierungen sie stark beeindruckten, so Ruth Berghaus, Herbert Wernicke, Peter Konwitschny. Aber sie fügte hinzu: *Der für mich in der künstleri-*

schen Zusammenarbeit wichtigste Regisseur war Günther Rennert. Mit Ideen und Vorfreude hinreichend versorgt, begab sich Brigitte Fassbaender also in die »Provinz«, wo sie zunächst das Handwerk erlernen wollte. So kam es zu einer *Cenerentola*-Inszenierung in Coburg. Dem gelungenen Start folgten weitere Einstudierungen, so Schrekers *Der ferne Klang* in Leeds und *Hänsel und Gretel* in Augsburg. In der Saison 1991/92 inszenierte Brigitte Fassbaender Alban Bergs *Lulu* für das Innsbrucker Theater. Die Titelrolle sang Christine Schäfer; es war das Bühnendebüt dieser jungen Sängerin, die bald eine international gefragte Lulu z. B. in Glyndebourne und Salzburg wurde. Die nächsten Spielzeiten führten Brigitte Fassbaender erneut nach Coburg mit einer *Zauberflöten*-Produktion. Es folgte Benjamin Brittens »Sommernachtstraum« (*A Midsummer Night's Dream*) in Amsterdam und in Tel Aviv. 1994/95 kam dieses Werk in der Fassbaender-Regie auch in Braunschweig heraus. Zuvor sah man in Meiningen eine *Ariadne auf Naxos* und einen *Rosenkavalier* in Oldenburg. Im Januar 1995 fiel auch die Entscheidung, nicht mehr zu singen. Stattdessen übernahm sie am 1. April 1995 die Position der Operndirektorin am Staatstheater Braunschweig; diese Tätigkeit war vertraglich begrenzt auf zwei Jahre. In dieser kurzen Zeit baute Brigitte Fassbaender ein neues, junges Ensemble auf, das ausgesprochen erfolgreich war. Mit ihrem umfassenden Einsatz für das Musiktheater in Braunschweig konnte ein drastischer Rückgang der Abonnenten nicht nur rückgängig gemacht werden (was bei einer Zahl von 2500 enttäuschten Besuchern ein kleines Wunder darstellt), sondern es wurden durch eine interessante Spielplangestaltung auch zusätzlich neue Abonnenten gewonnen. Die Krise des Staatstheaters war beendet. Inzwischen inszenierte sie Rossinis *Cenerentola* ein zweitesmal – in Wiesbaden, wiederum mit schönem Erfolg.

Brigitte Fassbaender strebte eine *ziemlich realistische Komödie* an – nicht ohne nostalgische und anachronistische Beigaben. Das Resultat ließe sich so beschreiben: Endlich eine Operninszenierung, die rundherum Spaß machte, keinerlei Ärger verursachte, dennoch nicht konservativ ausfiel. In Wiesbaden wurde Rossinis »Aschenputtel« in spezifisch begabte Hände gelegt, die fähig sind das Lichte, Lockere, Spritzige und vor allem Humorvolle mit Geschmack und Witz über die Rampe zu bringen. Die Bühnenbildnerin Bettina Munzer baute mit erlesenem Geschmack und brillanter Ironie ein wirklich heiteres Bild, das schmunzeln bis staunen ließ. Im Stil der späten zwanziger Jahre unseres Jahrhunderts war das Landhaus des verkommenen Don Magnifico vorgestellt, mit Glaswand und Tennisplatz oder Wiese, auf der überdimensionales Federvieh in einzelnen stattlichen Exemplaren zu sehen und einmal auch zu hören ist. Auf dem Zwischenvorhang erkennt man eine Hühnerfeder, gleichsam das Symbol für den Geist des Stückes und der Inszenierung. Die zwei ebenso bösen wie dummen Schwestern der

Cenerentola benehmen sich unter der Obhut eines fast gewaltsam die Töchter auf den freienden Prinzen loslassenden Gockel-Vaters schließlich auch wie Hühner. Analog zur Musik quirlt und quasselt, schnattert und gackert alles gekonnt durcheinander – dezent verrückt. Entsprechend das Bild vom üppigen Prinzenpalais; als Barock-Parodie mit Soffiten-Malereien, Absenkung der Saufbrüder in den Weinkeller. Im vorletzten Bild »schmelzen« die Säulen, drängt sich ein riesiger roter Schuh als weiteres Märchen-Signal auf. Für den klaren Erfolg dieses Abends war über diese Bühnenbilder hinaus vor allem die Regie entscheidend. Brigitte Fassbaender erwies sich als Glücksfall. Sie entfesselte ein herrliches Bühnen-Temperament, einen hinreißenden Humor bis hin zum Burlesken im südländischen Sinne, aber zuverlässig jeweils in die Form zurückholend, was vielleicht in das Vordergründige ausbrechen wollte. Eine unprätentiöse Choreographie der Gänge und Aktionen sorgte für diesen Zusammenhang mit Niveau.

Außerdem vertiefte die Regisseurin die Szene, indem sie hinter der Typen-Komödie das menschliche »dramma« unterstrich. Mit vielen Details vom Spiel der Cenerentola mit einem Puppentheater bis zum Kartenhaus-Bau der Schwester Clorinda und der Freßsucht der Tisbe wurde dem Auge viel, aber wohldosiert und geschickt wie gescheit gesteigert geboten – Einfälle über Einfälle, die allesamt Spaß machten, bis hin zur Persiflage hoher Prinzen-Tenortöne durch den Männerchor.

Auch nach dem Braunschweig-Debut Brigitte Fassbaenders registrierte der kritische Beobachter eine komödiantisch perfekte, vom Schwung eines jungen Ensembles getragene Inszenierung der Britten-Oper *A Midsummer Night's Dream*. Brigitte Fassbaender bot legitimen Frohsinn mit geistreich jonglierendem Agieren und ließ die meiner Meinung nach oft spröde Musik plötzlich reizvoll animierend wirken. Die Personenführung gelang überaus spannungsreich. Das Publikum zollte ungewöhnlich starken Beifall. Die stimmungsstarke, intensive und einheitliche Inszenierung lebte nicht zuletzt von einer spannenden Personenregie. Das veranlaßte Christine Lemke in der *Süddeutschen Zeitung* zu der Feststellung, es handele sich um ein *Phänomen musikdramatischer Synästhesie, das in Brigitte Fassbaenders Inszenierungen immer wieder begegnet – entgegen allen landläufigen Klischees, das Augenmerk einer Sängerin als Regisseurin würde sich fetischistisch an die Stimmbänder heften.* Nach der Feststellung, es bei den Elfen, Feen und Geistern mit einer Horde düsterer, abgerissener Lemuren zu tun zu haben, fragte die Kritikerin weiter: *Alterslose, gesichtslose, geschlechtslose Schattenwesen, die irgendwelches zivilisatorisches Fundwerk mit sich herumschleppen, brechen in Veitstänze aus und scheinen ansonsten immer aus der Erde oder aus imaginären Baumstümpfen hervorzukriechen – Inkarnationen von Angst, Vorboten einer letztgültigen Unverbundenheit mit dem, was Natur, was das Metaphysische einst war und meinte? Auf wohltuende Weise enthält sich Brigitte Fassbaender hier sämtlicher katastrophischer Weltbeschreibungen und Apokalypse-Visionen – fielen sie neben Shakespeare und Britten doch ohnehin einige Nummern zu klein aus. Aber wer wollte ausgerechnet in diesem Stück auch die Parodie von der Leidenschaft trennen, das Tragische vom Komischen? Am Ende mischen sich alle ästhetischen Ebenen, tanzt das gesamte Ensemble auf der wackeligen Handwerkerbühne und nimmt mit seiner Prinzipalin für den Unterhaltungswert einer Oper des 20. Jahrhunderts heftige Ovationen entgegen.* In der *Braunschweiger Zeitung* vermerkte Rolf Heckelsbruch: *Poesie und Parodie, Gefühle und Groteske in harmonische Balance zu bringen, lautet die immer neue Regieaufgabe. Und diese löste Brigitte Fassbaender aufs Schönste. Ihre Personenführung bewegt sich ebenso sicher zwischen den verschiedenen Handlungsebenen, wie Benjamin Brittens Musik den feinen Nerv der Shakespeareschen Dichtung trifft. So erhielt diese Sommernachtstraum-Oper eine bezaubernde Leichtigkeit. Nichts wirkte darstellerisch überspannt, sondern vielmehr natürlich und atmosphärisch spannungsvoll.*

Nach einem *Don Giovanni* in Oldenburg, bei dem Brigitte Fassbaender erneut beweisen konnte, daß sie ein besonderes Sensorium für Mozart mitbringt, schloß sich als weitere Herausforderung Richard Wagners *Tristan und Isolde* in Braunschweig an. In der *Braunschweiger Zeitung* meinte Andreas Berger: *Mit welcher Zärtlichkeit Tristan seine Isolde liebt, Isolde ihren Tristan, das zeigt Brigitte Fassbaenders Inszenierung im Staatstheater Braunschweig mit anrührenden, klaren Bildern. Wenn zu Beginn der Liebesnacht im zweiten Akt das hohe Paar sich streichelt und schmust, wie es Jungverliebte tun, dann ist diese Szene erfrischend weit weg von dem wilden Getümmel und mit pathetischen Gesten übersteigerten Gewühl, das Wagners rauschhaft schwellende Musik ansonsten bei seinen Protagonisten auslöst.* Und Stephan Mösch formulierte in der *Opernwelt*: *Jedenfalls deutet Brigitte Fassbaender ausgerechnet Tristan als Spiel der kleinen Gesten. Sie zieht die Figuren von den Kothurnen mythischer Überhöhung. Sie ignoriert das Podest, auf dem sich Tristan und Isolde als parabolische Funktionsträger allzuoft wiedergefunden haben.* Als Kontrast zu Wagner und Britten folgte die österreichische Erstaufführung der Oper *Susannah* von Carlyle Floyd in Wien. Eine weitere diffizile Aufgabe bedeutete die Erarbeitung eines Musicals von Steven Sondheim, *Das Lächeln einer Sommernacht*, als Weihnachtspremiere 1996 in Braunschweig.

Wichtig wurde für sie auch die Auseinandersetzung mit Debussys *Pelléas et Mélisande* – die letzte Inszenierung für Braunschweig. Volker Hagedorn schrieb in der *Opernwelt*: *Fassbaender hat zum Ende ihrer schwierigen Amtszeit eine Produktion realisiert, die den prominenteren Pelléas-Ereignissen auch ohne Randlagenbonus standhält.*

1980

Wer ist das Wesen, das der Königsenkel Golaud da am Wasser weinend findet und ins dunkle Schloß am Meer führt, wie entsteht dort ihre Liebe zu Pelléas? Um dieser Mélisande nahezukommen, verzichtet Fassbaender auf deutende Perspektiven. Reiner Wiesemes hat einen blauschattigen Kubus entworfen, eine Traumraum mit großen Steinen, die herauswachsen oder hernieder schweben ... Michelle Breedt gestaltet eine Frau ohne Absichten und ohne Verteidigung. Man hört es in ihrer Stimme: ein direkter Sopran, klug geformt und doch mit abgründiger Naivität ... und man staunt über eine Personenregie, in der so verträumte Wesen als Persönlichkeiten fühlbar werden. Es ist eine spielende Liebe, gerade darum verdächtiger als jeder heroisch betriebener Ehebruch ... wer die Regisseurin Brigitte Fassbaender sucht, wird künftig etwas weiter reisen müssen. Den Braunschweigern hinterläßt sie mit ihrer Meisterarbeit immerhin den Beweis, daß auch hier Märchen möglich sind.

Sie hat einen entscheidenden Anteil daran, daß es mit dem Braunschweiger Theater aufwärts ging, wenn sie auch meint, die Zusammenstellung eines kompletten Ensembles sei nicht verwirklicht – *22 bis 25 Sängerinnen und Sänger wären nötig*, zur Zeit ihres Abschiedes waren es aber nur 17 Mitglieder. Über ihre Arbeit findet sie einen lapidaren Satz: *Ich habe gezeigt, daß ich die Ärmel aufkrempeln und zupacken kann.* Sie schied nach zwei intensiven, arbeitsreichen Jahren nicht ohne Wehmut von Braunschweig. Inzwischen ist das von ihr aufgebaute Ensemble in alle Winde verstreut.

Immerhin hatte sie nach der Braunschweiger Zeit so viele Erfahrungen gesammelt, daß sie das Ziel einer Intendanz getrost ansteuern konnte. Auch wenn sie ihrer Überzeugung treu bleiben wollte, der Antwort auf die Frage, wo sie am liebsten leben würde: *Immer woanders*. Und wenn wider Erwarten – so sagte sie es zumindest bei Freunden, die ungläubig zweifelten – kein Engagement zustande kommen sollte, dann freue sie sich, *endlich einmal dazu zu kommen, die Malerei, meine Tiere, meine Bücher, meinen Garten zu genießen – vielleicht sogar einmal nichts zu tun.*

Doch auf diese Zeit dürften wir noch lange warten. Wie anzunehmen war, kam es konsequenterweise bald zu der Übernahme eines Theaters als Intendantin, in Innsbruck. Dort wird Brigitte Fassbaender auf einem wiederum neuen, wenn auch nicht unbekannten Gebiet ihrem Lebensmotto folgen, das da lautet: *Kunst kommt von Können.*

Interview mit Brigitte Fassbaender

Die Eltern am Theater
und das imaginäre Theater des Kindes

Wer das Glück hatte, Sabine Peters und Willy Domgraf-Fassbaender zu erleben, mußte sich sagen: Jedes Kind aus der Ehe dieser beiden Künstler-Persönlichkeiten, der Schauspielerin und des Sängers, muß zwangsläufig zum Theater kommen. Andererseits könnte es sein, daß es gerade ein Grund ist, nicht zum Theater zu gehen, wenn man als Kind beobachten muß, wie es in einer Künstler-Ehe halt zugeht – wie war es bei Ihnen, in einem Künstler-Haus mit berühmten Eltern?

Es war für mich eine Selbstverständlichkeit, in die Theater-Welt einzutauchen, also weiterzuführen, was ich bei den Eltern erfuhr und erlebte. Ich kann mich an nichts anderes erinnern, als daß ich mich ständig verkleidete, ständig Maske gemacht habe. Ich fand eines Tages auf dem Dachboden den alten Schminkkoffer meines Vaters und war fasziniert davon, mir diese Schminken ins Gesicht zu schmieren, mir Bärte anzukleben, mir Perücken aufzusetzen. Es war sein Reisekoffer, mit dem er auf seinen Gastspielen durch die Welt zog. Ich schrieb Stücke und führte diese auf – mit den Nachbarskindern, die ich mir zu Schauspielern erzog. Ich habe immer in der Phantasie gelebt, habe ununterbrochen Märchen erzählt – einem Kreis von Kindern, die zuhören wollten oder mußten. Es blieb nicht beim Erzählen. Ich führte die Märchen auch szenisch auf. Schon von frühester Kindheit an – ich kann mich zurückerinnern bis zum 2. oder 3. Lebensjahr – gab es den Trieb, mich verkleiden, eine andere Identität annehmen zu wollen, spielerisch etwas darzustellen – aber nicht, um mich in Szene zu setzen, sondern um einfach die Phantasie auszuleben. Ich begann schon sehr früh, Menschen zu beobachten und nachzumachen.

Sie sind von den vielbeschäftigten Eltern notgedrungen sicher oft allein gelassen worden?

Es war ein typischer Künstlerhaushalt, in dem ich während der ganzen Schulzeit aufwuchs, das heißt: Es war meine Großmutter, die mich erzog und aufzog, während meine Eltern sich ihrem Beruf widmeten. Das letzte, was meine Mutter spielte, war die Rolle der Gräfin im »Figaro«-Film, der bei der DEFA in der ehemaligen DDR entstand und 1948/49 gedreht wurde. Mein Vater sang und spielte den Figaro. Meine Mutter hatte nach dem Krieg irgendwie den Anschluß verpaßt, sie war oft sehr krank, hatte auch das Gefühl, sich ganz auf meinen Vater konzentrieren zu müssen. Das bedeutete, daß sie ihren Beruf aufgab. Meine Eltern wollten ein Standbein in Berlin behalten, obwohl sie in den Westen, nach Nürnberg, übersiedelt waren, wo mein Vater Oberspielleiter an der Nürnberger Oper geworden war. Ich ging derweil in Berlin in die Schule und sah meine Eltern nur in den großen Ferien, in denen ich nach Nürnberg reisen durfte. Ich verbrachte meine Ferien auf dem Nürnberger Operngelände. Es war also während meiner ganzen Schulzeit zu einer Trennung zwischen meinen Eltern und mir gekommen. Ich wurde erst wieder in das Elternhaus integriert, als ich anfing, bei meinem Vater Gesang zu studieren. Die Welt der Bühne und der Opernalltag waren für mich eine Selbstverständlichkeit.

Aber die Schattenseiten werden Sie auch kennengelernt haben – hielten diese Sie nicht davon ab, an die Bühne zu gehen? Man kann sich vorstellen, daß zwei starke Temperamente wie Ihre Eltern, die auch einmal aneinandergerieten, für Sie belastend wirkten ...

Natürlich war das belastend, besonders, wenn mein Vater viel zu singen hatte und unter seinem starken Lampenfieber litt, das er sein ganzes Leben lang nicht verlor. Und er lebte Nervosität wie Lampenfieber vor allem zu Hause aus! Ich nahm mir als junger Mensch vor, mich besser zu beherrschen, mich nicht gehen zu lassen. Ganz ist mir das aber wohl nicht gelungen. Dazu kam, daß er, wenn er eine Inszenierung vorbereitete, meine Mutter als Ansprechpartner nahm, um seine Konzeptionsgedanken auszutauschen. Es kam zu stunden-, ja nächtelangen Auseinandersetzungen, bei denen es manchmal auch laut zuging. Darüber war ich oft sehr unglücklich. Heute weiß ich, daß solche Auseinandersetzungen dazu gehören, wenn es um die Entwicklung eines Regieprojektes geht. Man muß jemanden haben, der »nein« zu sagen wagt, alle Ideen in Frage stellt und die Phantasie auf neue Wege führt.

Das Verhältnis zur Mutter

Ihre Mutter war ein ausgesprochen schöner Mensch. Sie haben davon viel mitbekommen ...

... die Augen und die Stupsnase – finden Sie die schön?

Wie sah das Verhältnis zu Ihrer Mutter aus?

Ich habe meine Mutter eigentlich nur als überwiegend problematische, ja verzweifelte Frau erlebt. Denn so richtig kann ich mich nur an die Nachkriegszeit erinnern, also nicht an die Zeit der großen Erfolge, die sie hatte. Meine Mutter war gesundheitlich ein gefährdeter, labiler Mensch, dabei sehr depressiv. Ich kannte sie als eine zwiespältige und aufgewühlte Persönlichkeit, die mir Mitleid abverlangte. Das äußere Bild spielte zudem eine belastende Rolle, da sie sich durch eine jahrelange schwere Hautkrankheit verunstaltet empfand, was aber gar nicht der Fall war. Sie hing nur an dem Bild von sich, das sie früher verkörperte. Mein Vater begegnete dem Allen mit unendlicher Güte, Zärtlichkeit. Er war in den späten Ehejahren ein sehr rücksichtsvoller, entzückender Ehepartner. Aber solche Eindrücke ordnet man erst viel später ein – als junger Mensch wird man damit in keiner Weise fertig. Es kam in meiner Familie, dem Vierer-Haushalt, wenn man meine Großmutter hinzuzählt, zur absoluten Emporstilisierung meines Vaters. Meine Mutter hat sich ganz bewußt auf eine märtyrerhafte Weise im Hintergrund bewegt.

Die Ehe Ihrer Eltern war also schwierig?

Ja, sehr schwierig. Es war die dritte Ehe meines Vaters, die erste meiner Mutter, die Ende zwanzig war, als sie heiratete. Mein Vater war ein sehr gut aussehender Mann und Zeit seines Lebens ein umschwärmter großer Casanova, meine Mutter eine temperamentvolle und eifersüchtige Frau. Meine Mutter hatte die entsetzliche Eigenschaft der posthumen Eifersucht, warf ihm also uralte Geschichten vor. Im Laufe einer vierzigjährigen Ehe hatten sie sich aber so zusammengerauft, daß sie ohne einander nicht mehr konnten und wollten – eine Art Philemon und Baucis.

Wissen Sie noch, was Sie empfanden, als Sie Ihre Eltern zum erstenmal auf der Bühne erlebten?

Als ich meinen Vater das erste Mal auf der Bühne sah, brachte ich meine Phantasie und die Realität nicht ganz zusammen: Derselbe Mann, der zu Hause am Mittagstisch saß, seine Witze machte, von meinem Nachtisch kostete, oder der im Badezimmer vor sich hinsang, stand am Abend herrlich

Die Mutter Sabine Peters

Der Vater Willi Domgraf-Fassbaender als Figaro

Mit der Mutter, 1940

3. Geburtstag 1942

1948

kostümiert und geschminkt als ein anderer – nicht wiederzuerkennen – auf der Bühne. Besonders schwierig war es für mich, als ich ihn als Scarpia in Puccinis »Tosca« sah – ich war vollkommen geschockt, als er auf der Bühne niedergestochen wurde. Als er nach Hause kam, mußte er sofort sein Hemd ausziehen und mir zeigen, daß er keine Wunde hatte.

Meine Mutter habe ich in Berlin noch auf der Bühne erlebt, nur weiß ich nicht mehr, in welchem Stück. Man sagte mir, daß ich bei einer Liebesszene ganz laut aufgeschrien und geweint hätte: »Wieso küßt sie einen fremden Mann?« Aber es dauerte nicht lange, bis ich die wahren Zusammenhänge erkannte. Mit sieben oder acht Jahren ging ich schon oft in die Oper. Das war in Hannover, wo mein Vater nach dem Kriege einen Gastvertrag hatte und wo wir für einige Zeit lebten. Ich war begeistert und stolz, als das Publikum »bravo« rief. Ich fand ihn, ob als Figaro, Barbier oder »Wildschütz«-Grafen, ganz toll. Als ich ihn in »Rigoletto« sah, wurde ich sogar ein richtiger Fan. Die schönsten Stellen sang er mir zu Hause vor – »weine, meine Tochter, weine«. Ich schmolz dahin.

Wie kam es zu dem Doppel-Namen Domgraf-Fassbaender?

Das ist eine Anekdote, die aber stimmt: Mein Vater war in jungen Jahren in Stuttgart engagiert, wo

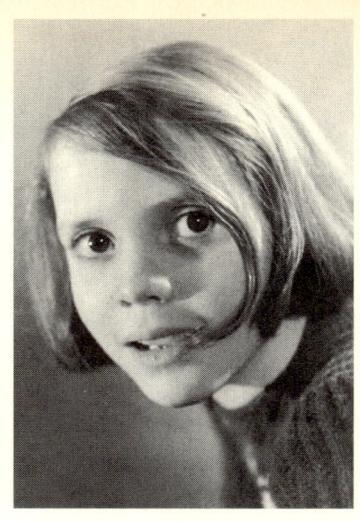

Fotografie von 1947

es einen Sänger mit dem Namen Wilhelm Fassbinder gab. Mein Vater bekam die Schneiderrechnungen des Kollegen, dieser die Liebesbriefe, die eigentlich meinem Vater galten. Also legte er sich den Namen Domgraf zu, bezogen auf seine Geburtsstadt Aachen, in der die Domgrafen die Raubritter waren. Mein Vater war als Kind sehr wild und ungebärdig, man nannte ihn den kleinen Raubritter – den kleinen Domgrafen.

Autogrammkarte (1963)

Die Stimme des Vaters

Hatten Sie zur Stimme Ihres Vaters eine spezifische Beziehung?

Ja – und ich liebte sie sehr. Ich hörte zu gerne, wenn er mit seiner klangvoll-schönen Sprechstimme erzählte. Die Gesangsstimme hatte für mich ein herrliches Timbre, das ich bewunderte und mir noch heute mit Hilfe der Schallplatte vergegenwärtige, um seinen glänzenden, warmen, italienischen Bariton zu genießen, in dessen Stimmklang sich der ganze Mensch ausdrückt.

Kann man behaupten, Ihre Stimme sei der Ihres Vater verwandt?

Da mein Vater auch mein Lehrer war, sind verschiedene Details sicher von mir angenommen worden, beispielsweise Ansätze, Vokal-Färbungen oder die Sprachbehandlung beim Singen. Eine entspannte und selbstverständliche Prononcierung, auf die er viel Wert legte, habe ich mitbekommen. Seine resonante, kopfig geführte Stimme hat sich gewiß vererbt, das glaube ich schon.

Wann war es, daß Sie sich sagten: So schön wie Vater will ich auch singen?

Das habe ich nie gesagt, und das hätte ich auch nie zu sagen gewagt. Eine merkwürdige Geschichte gibt es in diesem Zusammenhang zu berichten: Als ich sieben oder acht Jahre alt war, sang ich in meinem Kinderzimmer selbstvergessen und fröhlich vor mich hin. Auf einmal sah ich meinen Vater in der Tür stehen, mit großen Ohren und sehr gespanntem Gesichtsausdruck. Er hatte mich belauscht. Und dieses Gefühl, belauscht zu werden, auch das Glück, das ich in seinem Gesicht gespiegelt sah, ließ mich verstummen. Mein Geheimnis, meine Ahnung von einem ungehobenen Schatz war entdeckt. Die Folge war, daß ich bis zu meinem siebzehnten Lebensjahr nicht mehr gesungen habe. Nach diesen etwa zehn Jahren des Schweigens brach sich jener Schatz dann aber seine Bahn, war nicht mehr aufzuhalten.

Und Sie begannen Gesangsunterricht zu nehmen?

Nein, noch nicht. Ich vertraute mich einer Mitschülerin an, die Klavier spielen konnte. Sie begleitete mich nach dem Unterricht, wenn alle nach Hause gegangen waren. Die ersten Stücke, die ich lauthals sang, waren »Ich grolle nicht« von Robert Schumann und die Arie der Agathe aus dem »Freischütz«. Im Musikunterricht allerdings gab ich nicht zu erkennen, daß ich zum Beispiel über Schumann sehr gut Bescheid wußte, weil mein Vater die »Dichterliebe« sang, genauso über Schubert oder andere Komponisten, mit deren Liedern sich mein Vater beschäftigte. Ich gab vor, mich nicht für Musik zu interessieren. So wurde ich auch als schlechte Schülerin im Fach Musik behandelt, so grotesk das war.

Den Eltern wurde die Entdeckung der Stimme nicht verraten?

Nein. Aber – und auch diese Geschichte stimmt: Eines Tages nahm ich etwas auf Tonband auf, schickte es meinem Vater und bat, es sich anzuhören, um mir zu sagen, ob es sich lohne, Gesang zu studieren. Als Antwort kam ein Jubelschrei meiner Eltern zurück. Sie waren glücklich. Meine Mutter, die in mir in erster Linie eine Schauspielerin sah, war aber auch froh, daß es in Richtung Gesang weitergehen sollte. Mein Vater rief mich an: »Komm zu mir, ich bilde Dich aus, verschwende keine Zeit mehr auf der Schule, Du bist jetzt achtzehn, Du sollst mit dem Gesangsstudium gleich anfangen.«

Würden Sie sagen, es war ein Wagnis, so früh mit dem Singen zu beginnen?

Es hängt davon ab, in welche Hände man sich begibt. Mein Vater war ein sehr vorsichtiger, verantwortungsbewußter Lehrer. Er hätte mir nicht zu dem Schritt geraten, wenn er von meiner Begabung nicht überzeugt gewesen wäre. Er sagte: »Entweder Du schaffst es, oder Du läßt es ganz sein.« Im übrigen ist Achtzehn ein Alter, in dem man unbeschadet mit dem Studium beginnen kann. Für mich kam als Lehrer nur mein Vater in Frage. Daß es oft zwischen Vater und Tochter nicht gut geht, zog ich überhaupt nicht in Erwägung. Auch wenn es während des Studiums dann zu Krisen kam: Es war für mich die einzig richtige Entscheidung, bei ihm zu studieren. Ich wußte, wie fabelhaft und technisch richtig er sang, wie ernsthaft er sich mit den aufkommenden Fragen befaßte, wie ihn der pädagogische Eros beflügelte. Er liebte das Unterrichten, es war seine zweite Natur. Er war ein wunderbarer Lehrer.

War es von vornherein klar, daß Sie ein Mezzosopran sind?

Ja, das stellte sich schnell heraus, obwohl ich viele Sopranarien versuchte. Doch ich fühlte mich bei diesen Versuchen überhaupt nicht wohl. Von Timbre und Stimmumfang her kam nichts anderes als Mezzo in Frage.

Hieß dann das Ziel beispielsweise »Eboli« in Verdis »Don Carlos«?

Solche Fragen wurden nicht behandelt – das bahnte sich erst viel später langsam an. Mein Vater machte anfangs nur Gesangstechnik mit mir, allmählich kamen Lied-Literatur und leichte lyrische Opernpartien hinzu. Dieses Vorgehen finde ich sehr richtig, um eine junge Stimme nicht zu überfordern.

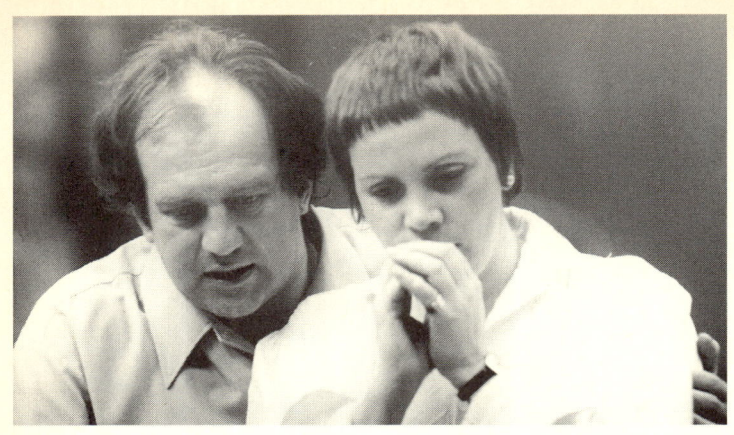

Page in *Salome* von Richard Strauss
Münchner Festspiele 1961

Linke Seite: Verdis *Don Carlo* in der Münchner Inszenierung Otto Schenks in der Spielzeit 1975/76
Oben Arbeit mit dem Regisseur, unten Brigitte Fassbaender als Eboli

Gesangstechnik oder Gesangsmethode

Gab es eine bestimmte Methode, der sich Ihr Vater verschrieben hatte und die er an Sie weitergab?

Mein Vater hatte bei sehr guten Lehrern studiert – in den zwanziger Jahren in Berlin. So bei dem berühmten Jacques Stückgold. Und es gab noch jenen Paul Bruns, der ein Buch geschrieben hatte – nicht nur über Carusos Technik oder das Kontra-Alt-Problem, sondern 1927 über »Minimalluft und Stütze«. In zweiter Auflage kam es 1929 mit dem Titel »Atemkunst und Stimmhöhe« heraus. Er lehrte am Sternschen Konservatorium in Berlin.

Etwa Mitte der dreißiger Jahre hatte mein Vater eine schwere gesundheitliche Krise. Professor Sauerbruch in der Berliner Charité operierte ihn. Mit dem Singen setzte mein Vater ein Jahr aus. Er ging nach Italien, lernte dort den Tenor Cesare Borgatti kennen und studierte bei ihm weiter. Hierbei empfing er, wie ich meine, sehr entscheidende Eindrücke und Impulse über das Singen. Von da an begann mein Vater auch, seinerseits zu unterrichten, die eigenen Erkenntnisse weiterzugeben. Gerade diese italienische Art des Singens wurde zum Hauptmerkmal seines eigenen Lehrens. Damit will ich nicht sagen, daß er nach einer speziellen italienischen »Methode« unterrichtete. Ich glaube, es gibt nur eine einzige gute »Methode« beim Gesangsunterricht: das richtige, selbstverständliche und natürliche Wecken der Gesangsstimme. Die Natürlichkeit ist entscheidend. So hat mein Vater es empfunden und weitergegeben.

Es wird immer wieder von der sogenannten italienischen Gesangsart gesprochen und dabei auf das Vibrato hingewiesen, das allerdings umstritten ist. Stimmt es überhaupt, daß dieses – wie man despektierlich sagt – Wobbeln mit einer italienischen Methode zusammenhängt, sofern es eine solche überhaupt gibt?

Das Wobbeln ist eine Verschleißerscheinung technisch schlecht geführter oder überlasteter Stimmen. »Vibrato« ist etwas, was einer Stimme von Natur aus mitgegeben ist. Daß man es steuern kann, läßt sich lernen – genau wie das interpretatorische Auswerten dieses Effektes. Und so, wie ich mich keiner bestimmten Methode bediene, könnte ich auch nicht sagen, was italienische Methode ist. Man sollte nicht in solchen Kategorien denken. Es kommt doch »nur« darauf an, so zu singen, daß die Stimme lange Jahre, genau: ein Sängerleben lang, gesund und frisch bleibt, daß man handwerklich darüber steht und man alles mit der Stimme machen kann. Man stellt die Stimme ja doch immer in den Dienst der Interpretation, macht keine

Im Tonstudio: Erste Einspielung von Schubert-Liedern (1975)

Materialschau. Eine gute Technik ermöglicht es, daß ich auch Indispositionen gewachsen bin. Wenn man einmal weiß, wie es gemacht wird, muß man nicht mehr darüber nachdenken, sollte es sogar vergessen. Das wäre das Endziel. Diese Technik vergleiche ich immer mit einem Handwerk: Erst wenn ich es beherrsche, kann ich mich künstlerischen Fragen widmen.

Was macht den guten Gesangslehrer aus?

Das ist eine sehr komplexe Frage, die ich für meinen Teil indes sehr knapp und bündig zu beantworten pflege: Ein Gesangslehrer ist so gut wie die Schüler, die er in die Hand bekommt. Der beste Gesangslehrer auf der Welt kann kaum etwas ausrichten, wenn er nicht auf eine wirkliche Begabung trifft. Grundsätzlich bevorzuge ich Gesangslehrer, die aus der Praxis kommen, die selber einmal auf der Bühne gestanden haben, die ihren künstlerischen Ehrgeiz und ihre Träume in etwa erfüllen konnten. Das ist die eine Kategorie. Dann gibt es jene Lehrer, die schon im Gesangsstudium scheitern, die aber ihr Studium als Pädagogen abschließen und danach sofort auf die jungen Sänger losgelassen werden – sie haben ja ein Examen als Gesangslehrer in der Tasche. Das mag schon einmal gut gehen, obwohl nur theoretisch gearbeitet wurde. Ich glaube, daß Menschen, die aus der Praxis kommen, durch das rundherum erlebte Sängerdasein am besten wissen, wie die Stimme auszubilden ist.

Singen Lernen hat immer auch mit Menschenbildung zu tun, steht in engem Zusammenhang mit einem Maßstab, den man nicht nur künstlerisch, sondern auch menschlich vermittelt. Wenn man Sänger werden will, kommt es auch auf andere Dinge an als nur auf den Besitz eines schönen Materials, obwohl das natürlich die wichtigste Voraussetzung ist. Es gehören Persönlichkeit, Musikalität und Durchsetzungsvermögen dazu, ein schauspielerisches Talent und möglichst eine robuste Gesundheit. Der Schüler muß spüren, welcher Lehrer zu ihm paßt. Denn es ist eine sehr diffizile und intime Angelegenheit sich sängerisch voreinander zu offenbaren. Oft geht es auch um große Träume und Illusionen, die vielleicht nicht erfüllt werden können, die der Lehrer zerstören muß. Es gehört eine gewaltige Portion Disziplin dazu, eine Sängerlaufbahn erfolgreich durchzuhalten. Jeder, der Sänger ausbildet, lädt eine große Verantwortung auf sich.

Werden tatsächlich so oft, wie behauptet wird, Stimmen »kaputt gemacht«?

Ja, absolut. Und das liegt oft daran, daß Lehrer viel zu früh bereit sind, nicht ausgereifte junge Stimmen mit Literatur zu belasten, die sie noch gar nicht bewältigen können. Deshalb glaube ich, daß es besser ist, langsam mit Technik, die ja nicht langweilig sein muß, wenn man sie spielerisch emotional erfüllt, voranzugehen und nicht schon nach einem Studienjahr große Opern-Partien singen zu lassen. Das müßte alles sehr bedachtsam Schritt für Schritt gehen – ich glaube nicht, daß es schadet, mit siebzehn oder achtzehn Jahren anzufangen mit dem Studium, das ist ein richtiges Alter. Aber dann sollte man die Stimme reifen lassen, bevor man sie vor große Aufgaben stellt. Eine Frauenstimme zum Beispiel ist erst Ende zwanzig voll belastbar. Das heißt nicht, daß man vorher nicht in ein Engagement gehen könnte, aber man sollte tunlichst nur solche Sachen singen, denen man schon gewachsen ist, die einem stimmlich liegen. Das ist von Fach zu Fach unterschiedlich, ganz klar. Ein weites Feld, dieses Thema.

Voraussetzungen des Gesangsstudiums

Und worin übt sich der Schüler zu Beginn – bei Ihnen beispielsweise?

Eine Voraussetzung ist zu wissen, wie man als Sänger zu atmen hat. Es ist die primäre Aufgabe des Lehrers, den Schüler mit der Atemtechnik vertraut zu machen. Der nächste Schritt ist, aus einem Naturmaterial ein kontrolliertes, kultiviertes Instrument zu machen.

Seit ich meine Professur an der Münchner Musikhochschule aus Zeitgründen wieder aufgab und weil ein »Beamtendasein« nicht ganz zu mir paßt, unterrichte ich nur noch im Rahmen von Meisterkursen oder arbeite mit wenigen, professionellen Sängerinnen und Sängern, die ich berate. Wenn Sie nach den Technik-Studien fragen: Ich fange tatsächlich mit rein technischen Übungen an, halte mich aber nicht stur an irgendwelche Vorgaben, sondern versuche, die für die jeweilige Stimme angebrachten Übungen zu entwickeln. Ich muß mich auf jede Stimme neu einstellen. Ich bemühe mich, mit viel Phantasie und Spaß an die Sache heranzugehen, Emotionen zu wecken, um die Schüler anzuregen. Das kann sich auch einmal um eine Arien- oder Lied-Phrase handeln, die ich in eine Vokalise umwandle. Da gibt es eine unglaubliche Variationsmöglichkeit, um sich das rein Technische anregend und spannend zu erarbeiten, denn vom schematischen Üben halte ich nicht viel. Der nächste Schritt, diese gelernten Dinge in die Texte umzusetzen, ist ein langwieriger Prozeß, bei dem Schüler und Lehrer sehr viel Geduld, Zeit und kontinuierliche Arbeit einbringen müssen.

Wie vermitteln Sie verschiedene Ausdrucksmöglichkeiten?

Mit der Vorstellungskraft soll Ausdruck in die technischen Übungen einbezogen werden. Ein konkretes Beispiel: Oft lasse ich von körperlichen Funktionen ausgehen – Lachen, Weinen, Erschrecken, Seufzen, Stöhnen und Staunen. Wenn ich also mit ganz natürlichen körperlichen Ausdrucksmitteln umgehe, die jeder Mensch täglich x-mal erlebt, ohne zu merken, wie das Zwerchfell reagiert, mache ich mir Vorgänge bewußt und erfahre dabei, was der Atem-Apparat zu leisten hat.

Im Kollegenkreis
Von oben: Mit Gertrud Freedmann (Gretel) in Humperdincks Märchenoper, Bayerische Staatsoper 1966 – *Salome*-Gastspiel an der Mailänder Scala im März 1967. Von links: José van Dam, Brigitte Fassbaender, Ticho Parly, Jean Madeira, Rudolf Hartmann (Intendant der Bayerischen Staatsoper), Birgit Nilsson, Hans Günter Nöcker und der Dirigent Berislav Klobučar – Mit Dietrich Fischer-Dieskau und Peter Schreier bei der Aufnahme von Rossinis Petite Messe solennelle (1972)

In München mit Catherine Malfitano anläßlich eines *Lulu*-Filmes –
Bei den Dreharbeiten zu *Hänsel und Gretel* mit Edita Gruberova und
August Everding – Mit René Kollo bei Plattenaufnahmen zu *Tristan und
Isolde*, 1980 in Dresden

Der singende Schauspieler

Zwischen der Aktion des Zwerchfells, der technischen Beherrschung und einer szenischen Aktivität, die mit der Stimmführung übereingehen muß, ist aber noch ein weiter Weg zu bewältigen – oder?

Allerdings, ein sehr weiter Weg. Dabei ist die körperliche Aktion, der das Zwerchfell unterworfen wird, schon deutlich erkennbar, aber die szenische Darstellung wäre von dem jungen Menschen, der seine ersten Gesangstöne produziert, noch zuviel verlangt. Sie kommt eigentlich erst dann dazu, wenn man auf die Bühne geht und in der Arbeit mit dem Regisseur erfährt, was an innerer und äußerer Aktivität zusammenkommen muß.

Auch schon in der Opernschule?

Vielleicht. Ich selbst besuchte keine Opern- oder Schauspielschule. Ich war viel zu schüchtern, um mich vor den Mitstudenten schauspielerisch zu offenbaren. Dilettantische Versuche waren mir zuwider. Ich stand schon sehr früh, mit 21 Jahren, auf der Bühne, wurde regelrecht ins Wasser geworfen. Auch meine Mutter hatte mir keinen Schauspiel-Unterricht gegeben – sie meinte, Singen sei etwas ganz anderes als Sprechtheater, unterläge völlig anderen Bedingungen, was nicht ganz stimmt.

Die ersten Bemühungen auf der Bühne waren für mich ein schreckliches Stadium – ich entdeckte, daß ich Arme und Beine hatte. Man weiß nicht, wohin mit ihnen, und benimmt sich wie ein staksiges Fohlen. Ich hatte eine schauspielerische Begabung mitbekommen, aber sie mußte erst einmal geformt werden. Das bedurfte einer intensiven Arbeit mit verschiedenen Regisseuren.

Hätte auf diesem Gebiet nicht auch Ihr Vater helfen können?

Ich weiß, daß mein Vater von meiner Mutter stark beeinflußt war, sie müssen viel miteinander gearbeitet haben. Meine Mutter erzählte mir, sie habe ihm viele Unarten abgewöhnen müssen. Nun war mein Vater ein ziemlich untersetzter, um nicht zu sagen kleiner Mann, kaum größer als ich. Er litt darunter, ließ sich für die Bühne Schuhe mit hohen Absätzen machen. Meine Mutter haßte das, sie meinte, er bewege sich dadurch unbeholfen. Sie machte ihm klar, daß er glaubwürdig spielen und sich »groß« fühlen müsse. Mein Vater gab sich im Schauspielerischen wie im Sängerischen auf der Bühne bedingungslos hin. Nicht von ungefähr wurde er von keinem Geringeren als Max Reinhardt, mit dem er einmal zusammen gearbeitet hatte, der singende Schauspieler genannt.

Wollten Sie früher eigentlich nie Schauspielerin werden?

Doch, ich wollte zunächst Schauspielerin werden – daß es etwas mit der Bühne sein müsse, was ich eines Tages treiben würde, das war mir klar. So habe ich in der Schule viel Theater gespielt – wenn wir Stücke mit verteilten Rollen lasen, bekam ich meistens die Hauptrolle. Und im Schultheater spielte ich ebenfalls mit. Das Schauspielen war bald etwas sehr Selbstverständliches für mich – nach den geschilderten Anfangsschwierigkeiten.

Belcanto heute

Hängt eine manchmal anzutreffende Reserve von Vokalsolisten gegenüber der szenischen Aktion damit zusammen, daß viele dem alten Belcanto-Ideal nacheiferten, dieses zum alleinigen Zweck erklärten?

Man sang damals wahrscheinlich nicht viel besser oder schlechter als heute, nur legte man keinen Wert darauf, sich auf der Bühne auch zu den Rollen passend zu bewegen. Es gab Ausnahmen. Caruso zum Beispiel soll sich sehr darum bemüht haben, eine Rolle auch darstellerisch zu erfüllen, was in seiner Zeit absolut nicht üblich war. Oder denken Sie an die Callas, die eine der größten Schauspielerinnen auf der Opernbühne war. Trotzdem sieht man auch heute immer wieder, daß nur herumgestanden und an der Rampe gesungen wird. Besonders an so bedeutenden traditionsreichen Instituten wie der Met oder der Scala kann man das noch erleben. Es gibt durchaus gute Sänger, die es einfach nicht für nötig halten, sich beim Singen zu bewegen. Das hängt nicht nur mit körperlichen Problemen zusammen, sondern auch mit sängerischer und schauspielerischer Intelligenz. Es gibt Sänger, die – ebenso wie weite Kreise der Zuhörer – mit der Konzentration auf das Erlebnis der Stimme vollauf zufrieden sind.

Meinen Sie nicht, daß in der wahren Belcanto-Zeit, also hauptsächlich zu Beginn des 19. Jahrhunderts, technisch viel besser gesungen wurde als heute – besonders deshalb, weil man sich kaum bewegte?

Also wir wissen nicht, wie perfekt man damals sang, auch wenn die Notentexte nahezulegen scheinen, daß man fabelhaft zu singen verstand – Virtuosität war die Hauptsache. Aber die Sängerin der Pamina in Mozarts »Zauberflöte« zum Beispiel war bei der Uraufführung achtzehn Jahre alt – die kann ja gar nicht perfekt gesungen haben. Ich glaube mehr, daß man davon ausgehen kann, daß es damals ausgeruhtere Stimmen gab, der künstlerische Anspruch geringer, der technische höher war.

Heute gibt es noch andere Anforderungen an die Stimme. So ist beispielsweise nicht zu unterschätzen, was ein Sänger, der heute in vorderster Reihe steht, durch Klimawechsel und Reisestrapazen zu erdulden hat.

Wird eine Stimme dadurch schneller zugrunde gerichtet?

Natürlich – wenn eine Stimme zu früh in den Strudel einer Karriere gerät, hat sie keine Zeit zu reifen. Und weil die Stimmen vor der Zeit verschlissen werden, meint man, es gebe heute keine großen Stimmen mehr. Das stimmt nicht – in einem Kurs hörte ich zum Beispiel einen grandiosen, ganz jungen Bariton. Ich habe ihn beschworen, beim leichten, dem Kavaliers-Fach und vielleicht bei italienischen Rollen zu bleiben – für zehn bis fünfzehn Jahre. Für meine Begriffe wächst da ein Wotan heran – von allerbester Qualität. Wenn, ja wenn er die Kraft hat, frühen Verlockungen zu widerstehen, die Stimme fit hält und schonend reifen läßt. Er darf nur nicht in die Fänge einer Plattenfirma oder eines skrupellosen Intendanten oder Agenten fallen, die schnelle Mark anstrebend, um den dritten Mercedes zu verschleißen. Ich bin überzeugt, daß es solche grandiosen Stimmen nach wie vor gibt, aber wenn sie unklug zu rasch zu schwere Aufgaben übernehmen, erreichen sie den Zenit nicht. Eine Hauptschuld tragen dabei die Medien.

Haben Sänger die Intelligenz, Ihren Rat zu befolgen?

Das hoffe ich, zumindest manchmal. Auch in diesem Punkt herrschen Verallgemeinerungen und Vorurteile – weil früher einmal Intelligenz beim Sänger nicht so gefragt war, behaupten viele, das sei heute auch noch so. Aber ich kenne kaum eine Kollegin oder einen Kollegen, von denen ich sagen könnte, sie seien »dumm«. Es gibt viele Kolleginnen und Kollegen, die hochintelligente und universell gebildete Menschen sind.

Vom Studium zum ersten Engagement

Intelligenz müßte man ja deutlich auch beim Studium zeigen – schließlich kommt man mit gescheitem Lernen weiter. Wie vollzog sich der Unterricht beim Vater? Drei Jahre nur Technik und etwas Lied, sagten Sie. Aber sonst lernten Sie in Nürnberg im Konservatorium?

Ich studierte offiziell im Konservatorium alle Pflichtfächer und

Klavier, aber Gesang privat bei meinem Vater. Ich arbeitete, wie gesagt, bei ihm tatsächlich nur Technik und Lied. Ich hatte mir ein stattliches Lied-Repertoire angeeignet, vor allem auch, weil mein Klavierlehrer ein vorzüglicher Pianist und Begleiter war, der mich viel lieber begleitete, als mir Klavierspiel beizubringen. Wir funktionierten also diese Klavierstunden zu Korrepetitionsstunden um, wobei leider mein Klavierspiel auf der Strecke blieb, was ich im nachhinein außerordentlich bedauere.

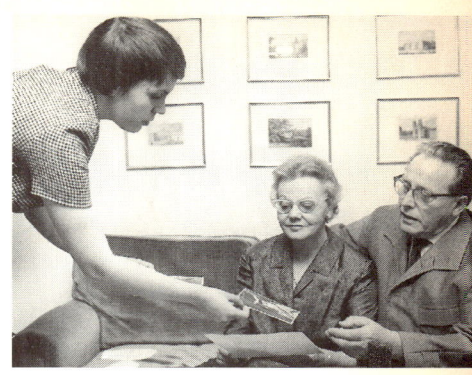

Die Künstlerin mit ihren Eltern, 1968

Hatte Ihr Vater Ehrgeiz, die Tochter möglichst bald möglichst profiliert herauszustellen?

Nein, überhaupt nicht. Es machte ihm große Freude, mit mir zu arbeiten – leider hatte er nicht allzuviele gute junge Stimmen in der Hand. Mit Vergnügen beobachtete er meine Fortschritte, aber an ein Herausstellen dachte er zunächst nicht – er wußte auch von meiner Scheu. Ich sprang dreimal während des Unterrichtes an die Tür – aus Angst, es könnte jemand lauschen. Es hatte sich herumgesprochen, daß ich bei meinem Vater studierte. »Der Fassbaender hat eine Tochter, die singt – da muß man doch mal horchen, was das denn für ein Wundertier ist.«

Einmal kam es zu einer Aufführung des Konservatoriums, bei der mich mein Vater überredet hatte mitzumachen. Es handelte sich um Henry Purcells »Dido und Aeneas«, ich hatte den »guten Geist« zu singen, eine Seite Rezitativ, mehr nicht. Aber mein Name stand mit auf dem Plakat zu dieser Einstudierung. Und dieses Plakat – und das war der glückhafte Umstand, der große Zufall – sah der damalige Intendant der Bayerischen Staatsoper, Professor Rudolf Hartmann. Er fragte meinen Vater, ob er eine Tochter hätte, die sänge. Ja, antwortete mein Vater, aber sie ist noch sehr jung.

Wann war das genau?

1960, im November. Hartmann sagte meinem Vater, er wolle mich bei einem der nächsten Vorsingen im Prinzregententheater in München hören. Und er gab sofort einen Termin. Es war der Tag der »Carmen«-Generalprobe mit Joseph Keilberth, der 12. Dezember. Als mein Vater mir erzählte, was Hartmann gesagt hatte, war ich entsetzt: »Um Gottes willen, was soll ich denn da singen?« Ich studierte sofort drei Arien, die der »Dalila«, die »Olga«-Arie aus »Eugen Onegin« und von Wilhelm Kienzl »O schöne Jugendtage« aus dem »Evangelimann«, eine Contra-Alt-Arie, die bis zum tiefen »g« heruntergeht.

Am 12. Dezember fuhren wir also nach München. Mittags um Eins stand ich auf der Bühne des Prinzregententheaters, als dicklicher Backfisch mit zitternden Knien. Ich hatte noch nicht alles gesungen, da rief aus dem Dunkel eine Stimme, danke, es genügt, bitte kommen Sie mit Ihrem Vater in das Foyer, wir wollen mit Ihnen sprechen. Ich ging los, traf an der Tür auf Keilberth, den kleinen gedrungenen Kerl, der guckte mich an und knurrte: »Eine sehr schöne Stimme, wir hätten schon Verwendung dafür.« Und Hartmann sagte: »Ja, ja, selbstverständlich, sie ist engagiert, nur muß sie abnehmen, ich möchte sie im Hosenrollenfach einsetzen.« Mein Vater strahlte vor Glück, während ich dachte, ob ich das schon schaffe; dabei war ich natürlich genauso glücklich. Der Vertragsbeginn wurde sogar noch vorgezogen – mein Engagement begann schon am 1. April 1961, nicht erst zum nächsten Spielzeitbeginn. Ich hatte einen normalen Anfänger-Vertrag mit der Bayerischen Staatsoper. Die sogenannte Junge Staatsoper, die Studio-Bühne, wurde erst einige Zeit später gegründet, als man noch andere junge Sänger verpflichtet hatte. Im Rahmen der Studio-Bühne sang ich dann auch in deren Produktionen mit.

Was war Ihre erste Rolle in der Bayerischen Staatsoper?

Ich sang den vierten Pagen im »Lohengrin« von Richard Wagner. Die zweite Rolle war gleich der Niklaus in »Hoffmanns Erzählungen« von Offenbach. Ich übernahm die Rolle ohne Orchesterprobe – ich weiß noch, daß ich zehn Minuten Anspielprobe vor der Vorstellung auf der Bühne hatte, kurz bevor das Publikum hereingelassen wurde. Ich kann mich noch an die Besetzung erinnern: Es war die alte große Münchner Garde, mit Lorenz

Erstes Autogrammfoto 1961: Niklaus in *Hoffmanns Erzählungen*

Fehenberger als Hoffmann, Josef Metternich als Dappertutto, Erika Köth als Olympia und Claire Watson als Antonia, wenn ich nicht irre. Alle waren schrecklich nett zu mir, was mir wahnsinnig geholfen hat.

Hatten Sie zu dieser Zeit, dem Beginn einer Bühnenlaufbahn, erwogen, den Namen zu ändern, um den ewigen Fragen nach der Verwandtschaft mit dem berühmten Bariton auszuweichen?

Das hatte ich tatsächlich eine Zeit lang überlegt, um nicht etwa irgendwelche Vorschußlorbeeren zu gewinnen – es war mir sehr suspekt, immer als »seine Tochter« gehandelt zu werden, von der so viel erwartet wurde. Das hatte den Erwartungs- und Leistungsdruck sehr nach oben geschraubt. Aber da es mir gelang, durch eigene Leistung die Türen offen zu halten, behielt ich also den Namen bei. Ich fand es auch interessant, daß es noch den Namen Zdenka Mottl-Fassbender in München gab, also sozusagen eine lange Tradition mit dem Namen verbunden war.

Die erste große Rolle

Welche Rolle wurde ihre erste große Aufgabe in einer Neuinszenierung?

Das war im Rahmen der Jungen Staatsoper eine »Così fan tutte« von Mozart, bei der ich die Dorabella sang. Aber im Großen Haus, auch schon bei den Festspielen, war ich als Page in der »Salome« von Richard Strauss zu hören, gewiß keine »große«, aber doch schon recht anspruchsvolle Rolle – ebenso wie die der Olga in Tschaikowskys »Eugen Onegin«. Im ersten Fall waren meine Partner Lisa della Casa und Dietrich Fischer-Dieskau, Karl Böhm dirigierte. Beim »Eugen Onegin« sang ich neben Fritz Wunderlich und Hermann Prey. An diese Aufführung erinnere ich mich genau, weil ich mich nach der Generalprobe verlobte. Das kam in diesem ersten Bühnen-Jahr auch noch zustande – das Hineinstolpern in eine Ehe, für die ich im Grunde noch viel zu jung war.

Es ging also in diesen ersten Jahren 1961–1963 ganz schön heftig los. Schließlich stand ich neben den erwähnten größeren Aufgaben fast jeden Abend in kleinen Rollen auf den Brettern – als irgendeine Magd oder als ein Page: Es gibt unendlich viele Mägde und Pagen in der Opernliteratur. Die habe ich alle gesungen. Ich hatte sogar einmal eine stumme Rolle – die Gräfin Aremberg in Verdis »Don Carlos«. Ganze fünf Jahre hindurch habe ich hauptsächlich Kleinkram und mittlere Partien gesungen, aber auch schon den Cherubino in Mozarts »Hochzeit des Figaro«,

53

Partie der Olga in Tschaikowskys *Eugen Onegin* 1962 in München mit Fritz Wunderlich als Lenski

den ich vom Morgen zum Abend übernahm, weil die große Kollegin Hertha Töpper erkrankt war. Das muß in der Saison 1965/66 gewesen sein.

Welche weiteren Partien folgten?

Unzählige. Unter anderen: Annius im »Titus« von Mozart, die Fenena in Verdis »Nabucco«, die Carlotta in der »Schweigsamen Frau« von Strauss. Bei einer neuen »Rosenkavalier«-Produktion sang ich die Annina. Vorher war ich in dieser Strauss-Oper die dritte adlige Waise gewesen.

Gab es für Sie daneben auch schon Auftritte im Fernsehen?

Ja, in einer kleinen Gluck-Oper, »Die Pilger von Mekka«, hatte ich eine hübsche Partie. Es kam zu einer »Butterfly«-Produktion im Zweiten Deutschen Fernsehen, mit Herbert Junkers als Regisseur und Anneliese Rothenberger in der Titelrolle. Ich sang die Suzuki – wie auch schon auf der Opernbühne. Das war die erste große Opernproduktion im deutschen Fernsehen überhaupt.

Hat denn Joseph Keilberth als Generalmusikdirektor des Münchner Hauses viel mit Ihnen gearbeitet?

Nein – mit uns jungen Leuten arbeitete er so gut wie nie, allenfalls im Zuge der letzten Ensemble-Proben. Er kümmerte sich nicht viel um uns. Es gab aber jemanden, der das tat. Und an ihn erinnere ich mich voller Hochachtung und Zuneigung, weil ich viel von ihm gelernt habe: Das war der erste Staatskapellmeister Meinhard von Zallinger. Speziell Mozart arbeitete er intensiv mit mir und setzte damit Maßstäbe. Keilberth war zwar nett zu mir, ließ mich aber an die großen Rollen nicht heran – mit Recht.

Und wann kam es zu Ihrem ersten »Rosenkavalier«?

Das war dann 1967 noch in der alten Hartmann-Inszenierung. Es war eine geschlossene Vorstellung für die »Freunde der Oper«, Zallinger dirigierte. Ich sang längere Zeit diese Rolle nur als Einspringer, vor allem für Hertha Töpper – wenn sie abgesagt hatte und auch Keilberth nicht dirigierte.

Wie reagierte die Presse bei solchen »Übernahmen«?

Gar nicht. Bei Übernahmen wurde seitens der Presse selten reagiert, denn Kritiker gehen ja nur in Premieren. Die Presse wurde nachhaltig allerdings 1965 auf mich aufmerksam, als ich in Günther Rennerts Inszenierung von Rossinis »Liebesprobe« bei den Münchener Festspielen die Rolle der Clarissa sang. Das war sozusagen mein Durchbruch. Und als Günther Rennert dann im Herbst 1967 in München Intendant wurde, bekam ich nach und nach die großen Rollen. Ich erinnere mich zum Beispiel an einen Hymnus, den Joachim Kaiser anläßlich der »Figaro«-Premiere 1968 in den Festspielen schrieb –

Als Clarissa in Rossinis *Liebesprobe*, der Durchbruch Brigitte Fassbaenders, München 1965.
Foto oben: bei der Produktion mit dem Regisseur Günther Rennert (links) und dem Dirigenten Hans Gierster; darunter Szenen mit Keith Engen

er bedachte mich mit wunderbaren Worten.

Aber ein neuer »Rosenkavalier« ließ lange auf sich warten?

Ja, erst in der Saison 1972/73 kam es zu einer Neuinszenierung, bei der ich dann endlich den Octavian singen durfte, in der Regie von Otto Schenk, dirigiert von Carlos Kleiber. Zuvor hatte ich mit dem Octavian an der Covent Garden Opera in London gastiert, neben Sena Jurinac und Lucia Popp, dirigiert von Josef Krips – ein unvergeßliches Erlebnis auch dank dieses großen Dirigenten. Das war 1970. Es war mein erstes großes Auslandsgastspiel.

Hatten Sie damals den Octavian als die Spezialrolle, als die Ideal-Aufgabe für sich erkannt?

Nein, überhaupt nicht. Ich sang die Rolle einfach gern. Was die Rolle für mich später bedeuten sollte, habe ich erst in der Münchner Neuinszenierung erfahren – das Wesen dieses Burschen und seine Möglichkeiten in dieser Oper eröffnete mir erst der Regisseur Otto Schenk und natürlich der Dirigent Carlos Kleiber.

Eine andere Hosenrolle, die ich mit Leib und Seele sang und verkörperte, war der Sesto in Mozarts »Titus«. Auch da prägte die Zusammenarbeit mit einem großen Regisseur, nämlich Jean-Pierre Ponnelle, eine Rollenauffassung, die für Jahre gültig blieb und dennoch Raum ließ für Intuition und formende Phantasie.

Haben Sie hinsichtlich eigener Rollenauffassungen schon in Nürnberg, also beim Studium, entscheidende Anregungen bekommen?

Doch, ja. Ich glaube, daß mein Vater in seiner Funktion als Oberspielleiter der Oper schon damals ein interessanter Regisseur war. Wenn man zurückdenkt, erinnert man sich an einen sehr spezifischen Bühnenbildstil der fünfziger und sechziger Jahre. Mein Vater war da ziemlich revolutionär. Er fing an, auf sehr karger Bühne zu arbeiten, im Sinne Wieland Wagners. Er war sehr aufgeschlossen und modern. Ich sah mehrere Inszenierungen, die ich sehr schlüssig und faszinierend fand. Da gab es schauspielerische Leistungen im Ensemble, die in der Rückschau absolut schon von Regietheater sprechen lassen. Das hat meine Auffassung einer Rolle auf der Bühne sehr geprägt. Daß man sang, war ja selbstverständlich, hatte man doch das Geschenk einer Stimme mitbekommen. Das Schauspielerische war es indes, dem mein ganzes Herzblut und mein ganzes Temperament gehörte.

Die legendäre *Rosenkavalier*-Inszenierung Otto Schenks
in der Spielzeit 1972/73
Oben Probenarbeit mit Carlos Kleiber, darunter Octavian,
rechts als »Mariandl« verkleidet mit Ochs von Lerchenau (Karl Ridderbusch)

Mozarts *La clemenza di Tito* 1973 im Münchner Cuvilliés-Theater.
Partie des Sesto
Oben Julia Varady als Vitellia

»Der« Rosenkavalier

Sie haben sich dann aber mehr und mehr eine eigene Interpretation des Octavian erarbeitet, einer großen Partie, die in ihrem Leben eine wichtige Rolle gespielt hat.

Das kann ich von dieser Rolle sicher sagen, da es die Rolle war, mit der ich am meisten gastierte, rund um die Welt – ansonsten habe ich mich nie als Gastiersängerin empfunden. So von einem Tag zum anderen in fremder Atmosphäre in ein fremdes durchgeschwitztes Kostüm springen und dann so gut sein wie dort, wo ich wochenlang im Team probiert hatte, das habe ich nie so richtig hingekriegt. Beim Octavian war das anders. Ich hatte eine Rollenauffassung erarbeitet, die überall anwendbar war. Es handelt sich halt um ein Stück, das – ähnlich der »Così« – überall nach demselben Schema in etwa abläuft – leider. Das heißt aber nicht, daß es beim Octavian zur Routine kam, mit der ich aufwartete. Ich war beim Octavian mit meiner ursprünglichen Phantasie und Gestaltungskraft gefordert und gestaltete über all die Jahre hin innerlich an der Rolle mit. Es ist eine überaus nuancenreiche Partie, man kann unendlich viel einbringen, so daß es nie aufhört, spannend zu sein.

Also: Diese Rolle blieb rund um die Welt für mich immer interessant. Als sie anfing, Routine zu werden, weil ich merkte, die Partie ausgeschöpft zu haben, hörte ich auf, sie zu singen – wie das zum Beispiel auch, allerdings sehr viel früher, beim Cherubino der Fall gewesen war. Den wollte ich von einem bestimmten Zeitpunkt an nicht mehr singen. Nicht, weil ich zu alt für ihn geworden wäre, sondern nur, weil ich nicht mehr wußte, wo ich noch eine neue Idee, eine neue Facette für diesen kapriziösen Burschen herholen sollte.

Routine auf der Bühne fand ich immer grauenhaft: für mich und das Publikum. So war es auch mit der Dorabella – ich konnte mich eines Tages nicht mehr mit dieser Rolle identifizieren. Vielleicht habe ich bei mancher Rolle zu früh aufgegeben, aber das mußte ich mit mir selbst abmachen. Die letzte Vorstellung des »Rosenkavalier«, 1988 in München bei den Festspielen, war dann allerdings so frisch und aufregend wie beim ersten Mal. Da war natürlich das Bewußtsein, diese Partie werde ich nun nie wieder singen, ausschlaggebend.

Mußte diese Entscheidung denn getroffen werden?

Ich mußte Sie fällen – für mich. Ich hatte nichts Neues mehr zu sagen in dieser Rolle. In dem Augenblick, in dem ich auf der Bühne anfing, die Marschallin zu verstehen, war es Zeit, als Octavian zu gehen.

Momentaufnahme aus einem Fernsehportrait 1977:
Octavian im *Rosenkavalier*

Aus demselben Fernsehportrait: im *Rosenkavalier* mit Reri Grist

War das nicht eine sehr schmerzhafte Zäsur für Sie?

Nicht besonders. Zumal ich der Münchner Intendanz den Vorschlag machte, das Stück nach einer angemessenen Ruhepause als Spielleiterin szenisch zu überarbeiten und mit völlig neuer Besetzung wieder aufzunehmen. Darauf ging man ein, und das wurde ein sehr wichtiger Schritt für mich.

Brigitte Fassbaender 1989 als Spielleiterin einer Wiederinszenierung des *Rosenkavaliers* in der Bayerischen Staatsoper München mit dem Dirigenten Heinrich Hollreiser

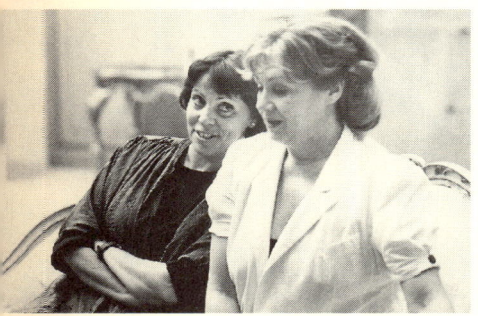

… und der »Marschallin« Judith Beckmann

Wie sah Ihre Interpretation des Octavian zuletzt aus?

Ich glaube, daß er sich über die zwanzig Jahre hin zu einer schauspielerisch beherrschten und emotional kontrollierten Aussage verdichtete. In den ersten Jahren bringt man die Rolle sehr wild und stürmisch drängend auf die Bühne, und allmählich wird man etwas ruhiger. Daß ich als Frau einen Mann spiele, der sich wiederum als Frau verkleidet, dieses Hin und Her hat mich schauspielerisch sehr gereizt – den Mann glaubhaft darzustellen, der dann wieder, etwas weniger glaubhaft, ein Mädchen vorstellen muß. Als ich nun das Stück szenisch betreute, mit Sängern daran arbeitete, die zum Teil Debütanten in ihren Rollen waren, verschob sich für mich das Schwergewicht wesentlich mehr zur Marschallin hin. Der Octavian war mir gar nicht mehr so wichtig. Die Marschallin stand mir plötzlich viel näher als der Octavian. Aber es wird für mich eine erfüllende und glückhafte Erinnerung bleiben, diese Partie so lange Jahre auf der Bühne, sozusagen als der Octavian seiner Generation gesungen zu haben. Es ist ganz klar, daß es mir sehr nahe geht, wenn ich Musik aus dieser Oper höre. Aber es gibt auch andere Rollen, wie zum Beispiel die Charlotte in Massenets »Werther« oder die Amneris in Verdis »Aida«, die ich mit demselben Engagement gestaltete.

Den »Werther« gibt es inzwischen zweimal auf Platte, nicht aber den »Rosenkavalier«.

Nein, es gibt leider keine Einspielung mit mir als Octavian – Carlos Kleiber gab die bei der Deutschen Grammophon aus Live-Mitschnitten entstandene Aufnahme bis jetzt nicht frei. Was es gibt, ist die Video-Aufnahme einer Münchner Aufführung. Eine schöne Plattenproduktion hätte ich mir schon gewünscht. Es ist sicher eine große Unterlassungssünde, daß es dazu nicht gekommen ist.

Haben Sie da nicht eingreifen können?

Ich habe nie eingegriffen. Ich bin kein Mensch, der in eigenen Belangen einwirken will und kann. Ich habe auch nie Beziehungen ausgenutzt. Ich habe immer alles an mich herankommen lassen, ich bin kein Mensch, der sich anbietet. Wenn die Schallplatten-Bosse nicht von selber darauf kommen, daß sie den angeblich weltbesten Octavian auf der Schallplatte festhalten könnten, dann wollte und konnte ich nichts dagegen machen. Die Nachwelt wird die Dinge schon zu beurteilen wissen. Die Kleiber-Aufnahme gibt es ja gottseidank. Und wenn wir alle einmal tot sind, wird diese Aufnahme sicher auch nicht mehr zurückgehalten.

Was halten Sie eigentlich vom vielzitierten Ensemblegeist?

Ich war ein absoluter Ensemblemensch: Ich bin in einer Ensembletradition aufgewachsen. Hartmann und Rennert haben auf ein erstklassiges Ensemble geachtet. Ich hatte das Glück, mich unter einem Intendanten entwickeln zu können, der wußte, was für Stimmenmaterial er in sein Haus bekam. Wobei er uns nicht überforderte, sondern wirklich langsam aufbaute – er wußte, wie man mit jungen Stimmen umzugehen hatte.

Ergaben sich aus der Tatsache, daß Sie ein Ensemblemensch sind, Schwierigkeiten beim Gastieren?

Manchmal hatte ich als Gast Probleme, mich zurechtzufinden – beispielsweise einmal an der Metropolitan Opera in New York, wo ich als Octavian mit zwei Marschallinnen zu tun hatte, zu denen ich kein besonderes menschliches Verhältnis gewann. Die eine war eine ganz große, weltberühmte Primadonna, die alles zur Geltung brachte, was mit diesem Begriff, den sie völlig zurecht auf sich anwenden konnte, zusammenhängt. Ich verehrte sie, erstarb vor Ehrfurcht angesichts der Tatsache, daß ich mit ihr auf der Bühne stehen konnte. Die andere, ganz unbekannt, war drei Köpfe größer als ich, ein so großes Pferd, daß es schwer war, an sie auf elegante Weise heranzukommen. Ich empfand die Lächerlichkeit der Situation deutlich, wenn ich mit Temperament auf die Marschallin losschoß, die sich da ellenlang über

Nach der *Rosenkavalier*-Premiere 1974 an der Metropolitan Opera
Brigitte Fassbaender, Christa Ludwig, Karl Böhm

mir erhob. Das war sehr grotesk und erleichterte mir mein Auftreten nicht unbedingt.

Gibt es ein Fazit in Ihrer Sicht des Octavian als Regisseurin und als Sängerin?

Nein, überhaupt nicht, für mich gibt es keine Endresultate auf der Bühne. Als ich die Oper inszenieren durfte, kam es zu einer ganz neuen Auseinandersetzung mit dem Stück. Ich möchte auch alles vergessen von dem, was ich, singend, darstellend, gelernt oder mir angeeignet habe. Ich wehre mich in solchen Fällen dagegen, meine Erfahrungen weiterzugeben. Ich muß mich jedem Stück, das ich inszeniere, völlig neu nähern. Ich will von meiner eigenen Textauffassung und von meiner eigenen Phantasie ausgehen.

Sehen Sie in Octavian einen kleinen Don Juan, der seine Sophie bald wieder vergessen wird?

Das glaube ich schon. Aber er wird auch nie zur Marschallin zurückkehren, nach dem Abschied, wie die Marschallin ihn zelebriert. Das wäre zu banal. Aber daß er nicht bei Sophie bleibt, das nehme ich an. Aber was soll ich spekulieren – wenn ich an die Regiearbeit gehe, wird sich in Zusammenarbeit mit der jeweiligen Interpretin schon die richtige, die in diesem Moment stimmige Variante finden lassen, die man weiterdenken kann.

Fixierung einer Interpretation

Gibt es Rezepte für Interpretationen?

Für mich nicht. Wenn ich zum Beispiel die »Winterreise« Franz Schuberts sang – und ich sang sie leidenschaftlich gern, sie ließ mich immer die größte künstlerische Befriedigung spüren –, wußte ich am Anfang noch nicht, wie ich das letzte Lied singen würde, ob es für mich der Tod war oder nicht. Das ließ ich vollkommen offen, nahm mir nichts vor. Es kristallisierte sich im Laufe des Zyklus erst heraus. Manchmal wußte ich es noch nicht einmal am Anfang des letzten Liedes. Es entschied sich nach der jeweiligen Seelenlage, im Moment der Empfindung beim Vortrag.

Zurück zur Bühne: Gab es dort auch eigene Ideen, die Sie bei der Aufführung spontan einbrachten?

Ich bin ein Mensch, der auf der Bühne sehr stark abhängig war und auch sein wollte von der Führung durch einen guten Regisseur. Ich habe sehr ungern etwas alleine gemacht, auch wenn ich mir vorher, beim Studium der Rolle, meine Gedanken gemacht hatte. Ich war stets offen geblieben für die Anregungen des Regisseurs, eine Rolle zu gestalten. Wenn ich eine starke künstlerische Potenz vorfand, merkte, daß der Regisseur etwas zu sagen hatte, lieferte ich mich ihm auch völlig aus. Ich brauchte die starke Hand, einen, der mich kontrollierte, mich beobachtete und mir sagte, da geht es lang. Ich wollte lernen, lernen, lernen. Ich fing immer wieder von vorn an, auch wenn ich mich auf eine gewisse Erfahrung allmählich verlassen konnte. Aber letztlich sind Spontaneität und Abendintuition die stärksten Impulse für eine unmittelbare Aussage.

Gibt es Grenzen einer Identifikation mit einer Rolle?

Ich habe mir oft die Frage gestellt: Wieweit geht eigentlich eine Identifikation? Wieviel bringt man immer wieder von sich selbst ein, so daß große Teile einer Rollengestaltung vorhanden sind, in denen man sich wiedererkennt, wieweit muß man sich eine zweite, schauspielerische Haut überziehen, um sich vielleicht dabei total zu verbergen? Wenn es an die großen Charakterrollen geht, ist es doch schwer, sich wiederzuerkennen. Da fängt die wirkliche schauspielerische Arbeit an. Eine Partie wie die der Klytämnestra in Strauss' »Elektra«, die ich in den letzten Jahren meiner Bühnentätigkeit oft gesungen habe, faszinierte mich, weil ich einer gewissen Hysterie auf die Schliche kam, in der ich dann meine Mutter wiedererkannte. Ich vollzog Gedanken oder Körperhaltungen nach, die ich an ihr beobachtet hatte.

Was war für Sie ausschlaggebend, diese Rolle zu übernehmen?

Weil ich diese Rolle mit einem Regisseur erarbeitete, den ich sehr schätzte, nämlich Harry Kupfer, der wie ein Luchs auf jede Regung achtet. Er verstand es, mich das ganze Leid und das Schicksal dieser Frau in Körpersprache umsetzen zu lassen. Die Klytämnestra gibt natürlich viel mehr her als etwa die Herodias in der »Salome« von Strauss, die ich auch oft gesungen habe. Bei den Strauss-Weibern ist die der Amme in der »Frau ohne Schatten« die facettenreichste und schwierigste. Jean-Pierre Ponnelle legte sie sehr witzig an – vielleicht ein falsches Wort dafür, aber ich sage es trotzdem. Sie hatte bei ihm etwas von einem weiblichen Mephisto an sich, auch von der Clownerie, die dahinter stecken kann. In jeder Sekunde des Bühnengeschehens war die Frau präsent: eine Hexe, eine Dämonin, die sich verzehrte. Bei all dem war eine Erzkomödiantin gefordert.

Welche Rollen waren bei Verdi für Sie wichtig?

Vor allem die Eboli in »Don Carlos«, aber auch die Amneris in »Aida«. In München kam es mit der Eboli zum sogenannten Durchbruch in ein neues, das italienische Fach. Ich stand bei der Premiere der Schenk-Inszenierung in München mit Eberhard Wächter, der Ricciarelli, Raimondi und Aragall auf der Bühne. Die

Mit dem Regisseur Jean-Pierre Ponnelle bei der Inszenierung von Strauss' *Frau ohne Schatten* 1986 in Mailand

Amme in *Frau ohne Schatten* 1986 in der Mailänder Scala
mit Eva Marton als Kaiserin

Amme in
Frau ohne Schatten

Als »Komponist« in
Ariadne auf Naxos von Strauss

Eboli in Verdis *Don Carlos*

Amneris arbeitete ich mit Riccardo Muti, der viel von Gesang versteht. Er selbst hatte in Mailand als junger Mann korrepetiert. Bei ihm lernte ich viel. Die Amneris sang ich aber nur in München. Ich stand bald an einem Scheideweg, weil ich viele Angebote erhielt, mit den Rollen des italienischen Fachs zu gastieren. Aber ich traute es mir nicht zu, wollte es auch nicht, weil ich spürte, daß es an die Substanz, auf Kosten einer Flexibilität und Kultiviertheit der Stimme gegangen wäre. Es hätte mein Lied-Singen bedroht. Es kristallisierte sich nämlich heraus, daß dieses Nebengleis »Lied« ein Hauptgleis werden sollte.

Plácido Domingo (Radames) und Brigitte Fassbaender (Amneris) in der Münchner *Aida*-Inszenierung von 1979

Aida 1979 in München

Die Neigung zur dramatischen Darstellung

Aber lag Ihnen denn das Dramatische jener Opernrollen nicht sehr?

Das schon. Was mir nicht lag, war die gewisse Seiltänzerei, die mit einer Eboli zu tun hat: die Nervenbelastung – sitzen Sie einmal stundenlang in der Garderobe und zählen die Minuten, bis endlich die große Arie kommt. Das war kein technisches Problem, sondern wirklich eine Nervensache.

Ich habe auch, allerdings nur für die Schallplatte, die Azucena in Verdis »Trovatore« gesungen, mit Carlo Maria Giulini als Dirigent. Das war eine hochinteressante und anstrengende Arbeit. Der italienische Belcanto ist gar nicht so gesund, wie man denkt. Es handelt sich um eine stete Herausforderung, die an die Grenzen des Materials gehen läßt, auch von der Emotionalität her – und das, ohne sich ausruhen zu können, was bei deutschen Opern, selbst bei Strauss, viel eher möglich ist. Es war im Musikalischen unendlich beflügelnd, aber von der Rollengestaltung her nicht so befriedigend für mich, daß ich diese italienischen Partien unbedingt dauernd hätte singen müssen.

Sie haben sich aber nie von vornherein beschränkt auf eine Auswahl der überhaupt in Frage kommenden Rollen?

Nein, ich wollte immer so universell wie möglich sein, habe mich aber bemüht, meine Grenzen zu erkennen. Ich habe alle wichtigen Partien meines Faches gesungen und die Marie in Alban Bergs »Wozzeck«, deren Gestaltung mich stark bewegte, als Grenzpartie betrachtet; die Erinnerung an diese Berliner Produktion gehört zu meinen wichtigsten.

Brigitte Fassbaender als Marie in *Wozzeck* (Probenfoto)

Im Wagner-Fach waren es die Fricka in der »Walküre«, die Waltraute in der »Götterdämmerung« und die Brangäne im »Tristan«, die ich besonders gerne sang.

Waltraute in der Bayreuther *Götterdämmerung* 1984

Ausflüge ins Koloraturfach gab es weniger.

Das stimmt, ich habe es, obwohl es zu meiner Stimme paßte, bis auf die »Clarissa« in der schon genannten »Liebesprobe« unter der Regie von Rennert quasi ausgelassen. Ich fand die Charaktere der Figuren, die ich dabei zu verkörpern gehabt hätte, eher langweilig, daß heißt, sie kamen meinem dramatischen Talent nicht sehr entgegen.

Haben Sie auf die Moderne ebenfalls verzichtet?

Nicht direkt, denn ich habe ja in Alban Bergs »Lulu« sowohl den Gymnasiasten als auch die skandalumwitterte ominöse Gräfin Geschwitz gesungen; das ist aber wohl eher mit klassischer Moderne zu bezeichnen. Ich stand in Stücken von Krenek und Henze auf der Bühne, sang eine Uraufführung von Gottfried von Einem in Wien und sogar eine von Stockhausen in Paris. Im Lied-Repertoire erarbeitete ich mir unter der kundigen Führung von Aribert Reimann den Zyklus »Die Hängenden Gärten« von Arnold Schönberg. Ich sang die »Sieben Todsünden« von Kurt Weill und auch einen kleinen Zyklus, den Aribert Reimann für mich komponierte und den ich bei der Schubertiade in Feldkirch zur Uraufführung brachte. Es sind Lieder auf knappe, kurze Gedichte von Paul Celan, a cappella zu singen: Ich stehe also ganz alleine auf dem Podium, ohne jede instrumentale Begleitung. Es ist wahn-

1967 in München als Gymnasiast in Alban Bergs *Lulu* mit Benno Kusche und Hans Hotter

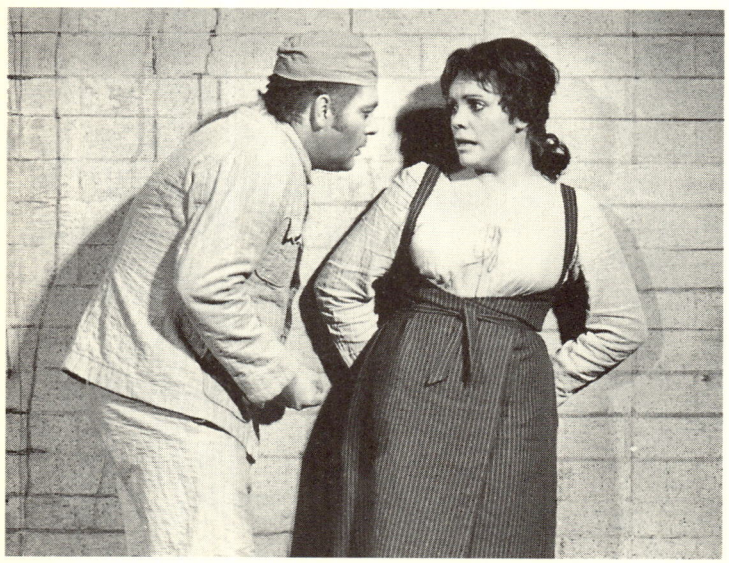

Diese Doppelseite: Alban Bergs *Wozzeck* 1976 in der Deutschen Oper Berlin in der Inszenierung von Otto Schenk ...

... mit Brigitte Fassbaender als Marie, Gerd Feldhoff als Wozzeck und Carsten Schrecker als Mariens Knabe

Lulu von Alban Berg: Als Gräfin Geschwitz 1983 in Wien (Inszenierung Wolfgang Weber) und 1988 in München (Inszenierung Jean Pierre Ponnelle)

witzig schwer, aber toll. Ich fand es hinreißend, daß Reimann das für mich geschrieben hat, zumal es durch verschiedene persönliche Umstände einen starken Bezug zu den Texten gab. Dieser kleine, geballte Zyklus aus Celans Nachlaß, genannt »Eingedunkelt«, ist mir sehr nah.

Auch an der Operette sind Sie nicht vorbeigegangen.

Auf der Bühne war es der Prinz Orlofsky in der »Fledermaus«, den ich unzählige Male gesungen habe. Aber ich hatte in frühen Jahren einen merkwürdigen Exclusiv-Vertrag mit der deutschen EMI-Electrola. Man setzte mich ständig in Operetten-Querschnitten ein, etwas anderes wußte man wohl mit mir nicht anzufangen.

Nun sang ich halt in jeder Operette irgend so eine Partie. Ich habe das aber gerne gemacht, war es doch eine Musik, bei der man unbeschwert musizieren konnte. Außerdem stand ich mit so großartigen Kollegen wie Anneliese Rothenberger und Nicolai Gedda vor dem Mikrophon. Das habe ich immer sehr genossen.

Gab es für den Orlofsky sehr unterschiedliche Auslegungen?

Eigentlich nicht. Ich war schon in einer uralten Münchner Einstudierung des damals sehr jungen Michael Hampe dabei. Dann kam die berühmte Schenk-Inszenierung, die ich in München, Berlin und Wien mitmachte. Dreimal also inszenierte derselbe Regisseur. Da wandelte sich die Auf-

Als Orlovsky in der *Fledermaus*, München 1974

fassung nicht so sehr. Einmal mußte ich rauchen, einmal nicht. Ich wundere mich, daß der Orlofsky immer so hochgejubelt wird. Denn außer dem kleinen Couplet im zweiten Akt hat er nur die Funktion des Maître de plaisir und hat wenig zu singen. Aber es war immer schön, Silvester auf der Bühne zu stehen. Unvergeßlich ist für mich eine Aufführung, die Plácido Domingo in München dirigierte. Als Silvester-Gag kletterte ich als Prinz Orlofsky über eine kleine Leiter von der Bühne in den Orchestergraben und dirigierte die Polka im zweiten Akt. Das Volk tobte.

Eine wichtige Rolle nannten Sie noch nicht, die Carmen.

Die »Carmen« hat mich lange begleitet und beschäftigt. Das erste Mal sang ich sie in San Francisco, auf französisch, also schon auf internationalem Parkett. Ich erinnere mich an eine sehr intensive, spannungsvolle, befriedigende Probenarbeit. Und es war damals auch ein ganz großer Erfolg für mich persönlich. Das war anfangs der siebziger Jahre. In einer Ponnelle-Inszenierung sang ich sie in Frankfurt/Main,

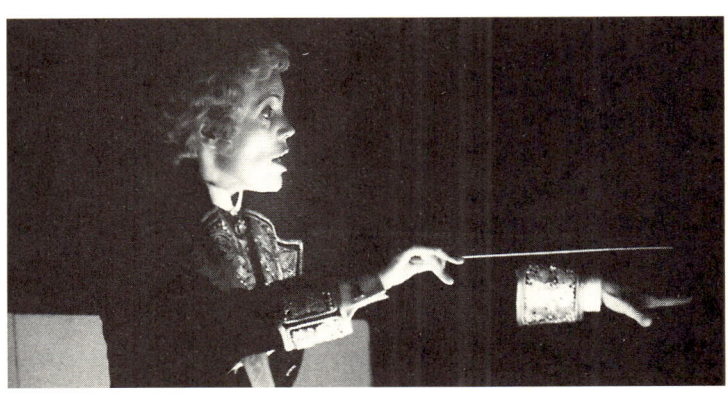

Silvester-*Fledermaus* 1974 in München: »Orlovsky« dirigiert die Polka.

Carmen in der Inszenierung
von Günther Rennert,
München 1969

Mit José van Dam (Escamillo)
in der 1970er *Carmen*-Inszenierung
in San Francisco

dann auch oft in München in der Inszenierung von Günther Rennert.

Für mich ist die Carmen ein ganz junges Mädchen, fatalistisch – aber keine femme fatale, die hüftwackelnd mit aufgestützten Händen als Zigeunerinnenklischee pausenlos den Männern die Köpfe verdrehte. Ich sehe in ihr den kleinen, triebhaft animalischen Teufel. Sie ist so, wie sie ist, geht für ihre Belange auch einmal über Leichen. Ich liebte den zweiten Akt, bei Pastia in der Schenke. Ich war eine sehr ausgelassene Carmen und am Ende, im IV. Akt, eine kompromißlose, todesmutige Frau. Die Entwicklung vom jungen Mädchen zu einer schicksalsergebenen Frau galt es innerhalb dieser vier Akte darzustellen.

Höhepunkt Charlotte (»Werther«)

Was hat Sie an Charlotte in Massenets »Werther« besonders interessiert?

Die Charlotte im »Werther« war wahrscheinlich neben dem Octavian meine liebste Rolle. Weil die Sensibilität und Verletzbarkeit dieser Figur mich außerordenlich anging. Die Musik ist wunderbar. Ich spreche immer von unserem Puccini-Ersatz. Schließlich hat Puccini für Mezzosopran nichts Wesentliches geschrieben, außer vielleicht im »Trittico« die Fürstin in der »Suor Angelica«, die ich aber nicht gesungen habe. Es läßt sich nicht darüber hinwegtäuschen, daß Puccini uns sehr vernachlässigte. Und da er zu meinen Lieblings-Opernkomponisten gehört, stecke ich immer Massenet ins Puccini-Schubfach – was die Süffigkeit der Musik betrifft. Die Charlotte kann man herrlich musizieren, und schauspielerisch ist sie eine äußerst sensible, anspruchsvolle Partie.

Wie war die Zusammenarbeit mit dem Regisseur Kurt Horres bei dieser Produktion für das Bayerische Nationaltheater?

Außerordentlich gut. Ich habe es geliebt, mit ihm zu arbeiten, und bedauere, daß es nie wieder zu einer Zusammenarbeit gekommen ist, obwohl wir beide mit Freude und Respekt aneinander denken. Es war eine sehr harmonische und tief empfundene Zeit mit ihm. Horres ist ein kluger, sehr menschlicher Regisseur, er ließ mich behutsam in das Schicksal der »Charlotte« hineinwachsen. Die »Charlotte« ist eine Kindfrau, die eine starke innere Entwicklung durchmacht. In dieser Partie fühlte ich mich auf der Bühne immer ohne Haut. Das Gefühl der bloßliegenden Nerven habe ich auf der Bühne oft gehabt. Diese Momente des Hineinschauens in die innersten Vorgänge bewegen mich auf der Bühne am stärksten. Man ist aufgefordert zur Bereitschaft, sich selbst zu entäußern, sich zu entblößen. Wenn das von einem großen Regisseur in eine künstlerische Form gegossen wird, man fähig wird, das Innerste auszudrücken, dann ist solche Arbeit auf der Opernbühne hinreißend.

Haben Sie den Silla in Pfitzners »Palestrina« oder die Nancy in Flotows »Martha« auf der Bühne gesungen?

Den Silla sang ich nur für die Schallplatte – unter Rafael Kubelik. »Martha« war meine erste große Opern-Gesamtaufnahme – wieder mit Anneliese Rothenberger und Nicolai Gedda, dazu kam noch Hermann Prey als Plumkett. Aber auf der Bühne habe ich diese Partie nie gesungen. Diese süße deutsche Spieloper wurde relativ selten aufgeführt. Inzwischen ist sie wieder häufiger auf den Spielplänen zu finden.

1977 in München als Charlotte in Massenets *Werther*
mit Plácido Domingo in der Titelrolle

Abschied von der Opernbühne

Als Sie sich entschlossen, nicht mehr auf der Bühne zu singen, dachte die Opernwelt überrascht an eine spontane Reaktion auf irgendeinen Anlaß – war es so?

Nein – es war ein nach genauer Prüfung und Überlegung gefaßter Entschluß, eine Entscheidung freiwilliger Art, die auch mit dem Inszenieren zu tun hatte. Ich glaube nicht, daß es gut ist, wenn man selbst noch auf der Bühne steht und gleichzeitig die Autorität des Regieführenden haben soll. Ich meine, daß es sich um zwei verschiedene Paar Schuhe handelt. So habe ich stets das Angebot abgelehnt, ein Stück zu inszenieren, in dem ich selbst mitsingen würde. Beispielsweise »Lulu« – ich inszenierte, sang aber nicht zugleich die Geschwitz, wie man es mir angetragen hatte. Einmal überlegte ich, ob es eine Ausnahme zu machen gäbe – bei der Strauss-»Elektra«, in der die Klytämnestra nur eine relativ kurze Szene hat. Ich entschied mich dagegen. Ich kann doch nicht meine Konzentration auf das Singen verwenden und gleichzeitig den Ablauf der Aufführung verantworten.

Gab es beim Abschied von der Opernsängerin besondere Ehrungen?

Nein, das ist nicht geschehen. Ich habe nicht einmal mein 30jähriges Bühnenjubiläum gefeiert, was ich mir eigentlich fest vorgenommen hatte. Zumindest hatte ich gehofft, daß irgend jemand danach gekräht hätte. Aber es hat niemand danach gekräht. Ich hatte mir natürlich gewünscht, es in München auf der Bühne erleben zu können – schließlich war ich in München von der Pike auf und habe München stets als meine künstlerische Heimat betrachtet. Als die Feiermöglichkeit zeitlich näher rückte, empfand ich allerdings sehr stark, daß man meine Arbeit dort offenkundig nicht mehr schätzte.

Das war aber die Meinung eines Einzelnen ...

... ich weiß nicht, wessen Meinung es nun wirklich war. Es interessiert mich auch nicht mehr. Jedenfalls hat sich das Verhältnis mit München total zerschlagen, kurz vor jenem Jubiläum und unter merkwürdigen Umständen. Das hat mir damals sehr weh getan, aber das Thema München ist für mich erledigt.

Und wie beendeten Sie dann tatsächlich Ihre Tätigkeit an der Münchener Oper?

Das war im Februar 1990 eine Repertoire-Vorstellung der »Salome«, eine schlechte dazu. Für mich nur insofern bedeutend, da ich wußte, auf dieser Bühne stehe ich also das letzte mal in meinem

Leben. Ich packte mein Schminkköfferchen, das da seit 30 Jahren in meinem Schrank gestanden hatte, und ging nach Hause.

Hat beim Entschluß, die Opernbühne zu meiden, die Enttäuschung über München mitgespielt?

Sicher hat der sang- und klanglose Abschied von München in mir eine tiefe Verletzung ausgelöst, die ich so leicht nicht überwunden habe. Aber meine Entscheidung, nicht mehr Oper zu singen, hat nichts mit München zu tun, sondern mit der Tatsache, daß ich nach all diesen Jahren ein wenig gelangweilt war vom Opernsingen überhaupt. Ich bin ein rastloser Mensch, der schnell gelangweilt ist. Und die Möglichkeit der Regietätigkeit war eine neue Herausforderung, der ich mich ganz und ungeteilt hingeben wollte.

Hat es mit der begrenzten Anzahl wichtiger Rollen zu tun?

Wenn man älter wird, gibt es natürlich nicht mehr so viele wesentliche neue Rollen, jedenfalls keine, die mich sonderlich interessieren würden. Fest an ein Haus gebunden, den Rückschritt zu vollziehen zu den mittleren oder den Spielpartien, das hätte ich nie gekonnt. Meine Unabhängigkeit war mir lieber. Ich habe, wie gesagt, München zwar immer als meine künstlerische Heimat betrachtet, war aber schon seit Mitte der 70er Jahre nur noch ständiger Gast des Hauses mit einem Abendvertrag. Natürlich auch, um meinen vielfältigen internationalen Verpflichtungen nachgehen zu können. Einen solchen Vertrag hatte ich zum Beispiel auch mit der Staatsoper Wien.

Glauben Sie, daß die Oper heute passé ist?

Das glaube ich nicht, weil die Kunstform »Oper« die Möglichkeit enthält, das Gesamtkunstwerk anzustreben. Wenn in dieser Hinsicht eine Oper gelingt, dann ist das für alle, das Publikum und diejenigen, die daran direkt beteiligt sind, immer wieder faszinierend. Dieses Faszinosum wird sich nie abnutzen. Ich empfinde es auch als positiv, daß Schauspielregisseure neue Impulse gaben, daß sie die Oper aufgerüttelt haben, da sie bis zu einem gewissen Grade als Experimentierfeld absolut geeignet ist. Das hält sie am Leben. Und es wird immer Menschen geben, die Stimme haben und sich gesanglich ausdrücken wollen. Ich glaube nicht, daß die Oper stirbt.

Hat es Sie nie gestört, innerhalb kurzer Zeit sehr verschiedene Rollen zu singen, also heute Octavian, übermorgen Amneris und danach die Geschwitz?

Wenn man in seiner Vollkraft steht und ein internationaler Sänger ist, muß man genau das machen – wenigstens für einige

Jahre. Und wenn großartige Produktionen dabei sind und wunderbare Regisseure, dann ist das Verfahren vollkommen richtig, vorausgesetzt, man teilt sich seine Kräfte gut ein. Und es befriedigt, daß man es schafft.

Ist die Struktur der Opernhäuser heute noch in Ordnung?

In diesem Punkt, glaube ich, muß man umdenken, zumal man längst nicht mehr so sehr aus dem Vollen schöpfen kann. Ich finde es beispielsweise vollkommen falsch, daß die großen Staatstheater so hoch subventioniert werden und die kleineren Häuser zu wenig kriegen. Die müssen für sämtliche Produktionen von dem Geld leben, das in einem großen Haus für ein einziges Bühnenbild zur Verfügung steht. Damit die kleinen Häuser nicht morgen vor der Frage stehen, ob vor lauter Sparmaßnahmen nicht eine künstlerisch zu verantwortende Arbeit unmöglich wird, müßte eine Umstrukturierung stattfinden, ein Nachdenken bei allen, auch bei den Theatermachern. Aber vor allem natürlich bei den verantwortlichen Politikern.

Die Zusammenarbeit mit Dirigenten

Wie standen Sie zu den Dirigenten – mit welchen arbeiteten Sie gern?

Da gibt es eine ganze Menge. Ich habe am liebsten mit Dirigenten zu tun gehabt, die den Sänger für »voll« genommen haben, ihn geliebt haben, ihn aus seinem eigenen inneren Impuls heraus leben ließen. Die Despoten habe ich nicht so geschätzt, wenn natürlich auch jeder Dirigent ein Despot sein mag – es, zumindest dem Orchester gegenüber, auch sein muß. Doch mit Dirigenten wie Karajan – also absoluten Herrschern – konnte ich nicht so gut zusammenarbeiten. Es kam ja auch sehr selten bei ihm dazu ...

... was sangen Sie bei ihm? ...

... in sehr jungen Jahren den Mezzo-Part der 9. Beethoven-Sinfonie auf einer Japan-Tournee. Am zweiten Tag, an dem man eigentlich nach dem langen Flug nicht aus den Augen sehen kann (damals flog man über Anchorage mehr als zwanzig Stunden), bat er mich zu einem Vorsingen. Ich sang die Eboli, und das nicht einmal so schlecht. Er setzte sich an das Klavier und arbeitete mit mir wie ein Wilder. Das war faszinierend, aber erdrückend, zumal ich so müde war, daß ich kaum stehen konnte. Ich liebe Dirigenten, die einen Sänger nicht unterjochen, sondern ihn als Partner anerkennen. Und ich mag einen Dirigenten, der am Abend von seinem Pult aus positive Wellen übermittelt, der am Geschehen

Rheingold-Film mit Herbert von Karajan, 1975

auf der Bühne teilnimmt und nicht nur den Kopf in der Partitur hat.

Können Sie Dirigenten nennen, die Ihr Ideal waren oder sind?

Am stärksten geprägt haben mich drei Dirigenten. An oberster Stelle steht – immer wieder – Carlos Kleiber, den ich für genial halte. Es kommt im Moment, in dem er vorn am Pult steht, zu einer totalen Persönlichkeitsveränderung. Er ist dann nicht mehr von dieser Welt, legt alle seine Neurosen und seine Verzweiflung ab – sie

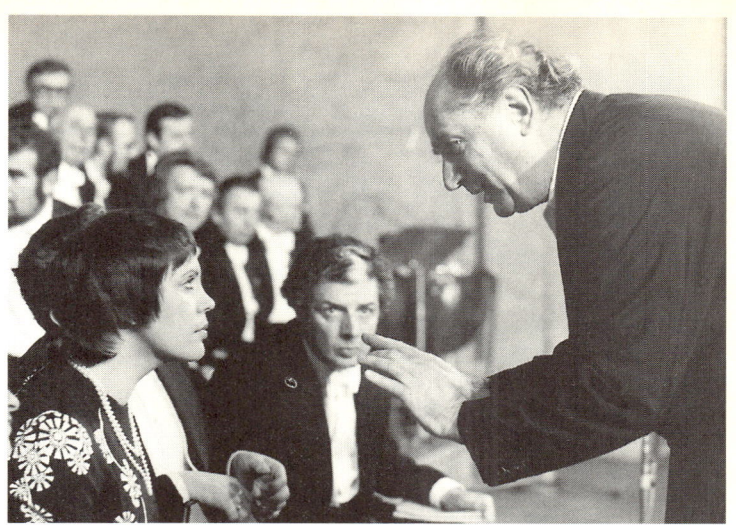

Beethovens *Missa solemnis* in München unter Rafael Kubelik. In der Mitte der Bariton John Shirley-Quirk

kommen allerdings hinterher ganz schnell wieder. Er musiziert auf eine göttliche Weise. Mit seiner wunderbaren Körpersprache – sie ist in den Händen und im Gesichtsausdruck wirklich unwahrscheinlich schön – beeindruckt er tief.

Der andere für mich wesentliche Dirigent ist auf eine fast fanatische Art ernsthaft und introvertiert – Carlo Maria Giulini, ein Grandseigneur am Pult, auch menschlich nobel. Die Arbeit mit ihm war immer äußerst konzentriert und erfüllend. Ich habe viel mit ihm gemacht, sehr früh auch Konzerte, zum Beispiel das Verdi-Requiem oder das »Lied von der Erde« und Beethovens »Missa solemnis«. Ähnlich inteeger als Mensch und Künstler empfand ich Rafael Kubelik – ihn und sein Musikantentum mußte man einfach lieben.

Lassen sich noch weitere Namen nennen – ohne vollständig sein zu wollen?

Zu allererst die Alten, Großen. Ich habe viel mit Karl Böhm, Gott habe ihn selig, gearbeitet: eine tolle Erscheinung, obwohl der nun überhaupt nichts machte. Er saß da und machte nur klitzekleine Bewegungen, dann hob er mal den Ellenbogen, mal sich selbst, doch nur halb, das war dann schon ein Ereignis, und etwas Besonderes passierte in der Musik. Viele liebten ihn, obwohl er sehr verletzen und schlecht behandeln konnte. Ich habe übelste Szenen und Tränen miterlebt – mit mir war er gottseidank nicht so streng – ich hätte sonst sicher nie wieder den Mund in seiner Gegenwart aufmachen können. Er war aber auch zu Scherzen aufgelegt, zuletzt ein rührender alter Mann. Am Pult zu sitzen war für ihn das Leben.

Es gab unvergeßlich schöne Momente mit ihm, wenn er mit dem »Nichts« alles machte. Alles, was wir als junge Sänger mit dem »ach Gott, ist der langsam« meinten kritisieren zu müssen, erkenne ich heute als richtig. Er war ein großer Musiker, und ich bin glücklich, unter seiner Leitung gesungen zu haben.

Ich habe mit Paul Klecki, William Steinberg, Josef Krips gesungen, ein- bis zweimal auch noch mit Hans Knappertsbusch. Im Prinzregententheater, in der »Zauberflöte«, sang ich den dritten Knaben. Ich erinnere mich gut an die Schmachtlocke, die berühmte, die in Knappertsbuschs Stirn klebte. Ich habe sogar noch mit Leopold Stokowski gesungen, der mich in seiner Senilität mit Stenka Mottl-Fassbender verwechselte, mit der er 1911 in München gearbeitet hatte.

Mit Bernstein kam es nur einmal zur Zusammenarbeit – ich

Mit Leopold Stokowski bei der Londoner Aufnahme von Mahlers 2. Sinfonie

kam nicht in seine Clique, die große Kollegin saß mir da vor der Nase. Ich mochte bei Bernstein dieses viele Geküsse und das Verbrüdern mit jedem um jeden Preis nicht so sehr. Da war eine gewisse Hysterie am Werk. Aber er war ein wunderbarer, beeindruckender Musikant, von Gottes Gnaden. Sein Blut war Musik. Das steht außer Frage.

Können Sie einige Aufführungen nennen, die Sie als perfekt, als rundherum gelungen bezeichnen würden, die Ihrer Erinnerung nach also optimal gerieten?

Ich kann in diesem Zusammenhang weniger von Aufführungen, eher von Proben berichten. Ich habe wahnsinnig gern und hingebungsvoll probiert. Ich kann mich an besonders harmonische, fesselnde Probenzeiten erinnern.

Unvergeßlich sind mir die Proben mit Günther Rennert, besonders zu »Boris Godunow« von Musorgskij, als ich die Partie der Marina sang. Da gab es am Ende dieser Probenzeit in München Situationen, in denen einem das Herz still stand, so ausdrucksstark arbeitete Rennert mit uns. Da wünschte man sich, daß solche Probenzeit nie aufhören sollte.

Genauso spannend und erfolgreich waren die Proben mit Kleiber und Schenk für den »Rosenkavalier«. Diese beiden fabelhaften Könner und ein homogenes Ensemble führten zu einem Erfolg, der sich mit jeder weiteren Vorstellung unter Kleiber wieder-

Marina in *Boris Godunow* von Modest Musorgskij Münchner Inszenierung von Günther Rennert, 1971

holte, das heißt, jede Aufführung war wie eine Premiere.

Sehr gut in Erinnerung habe ich auch den »Rosenkavalier« in London mit Josef Krips als Dirigenten. Krips liebte ich sehr. Ich habe im Gedächtnis eine wundervolle »Così fan tutte«-Einstudierung mit Schenk in Wien, sowie eine »Aida« unter Muti in München, mit Plácido Domingo.

Einmal sah ich nach einer Vorstellung beim Verbeugen, in der Mittelloge, die große Giulietta Simionato sitzen, Vorbild für mich in meiner Studienzeit. Ich bewunderte ihre Stimme, ihr Timbre. Daß sie nun mich als Amneris gehört hatte, machte mich sprachlos. Gottseidank war die Vorstellung vorüber.

Vorbilder und Kollegen

Hatten Sie noch andere Vorbilder als Simionato?

Mein Vater war natürlich ein Vorbild, die Callas, dann Caruso. Ich bin kein Stimmenfetischist. Für mich zählt eine Stimme zu den großen Ausdrucksträgern, wenn das Timbre unverlierbar im Ohr bleibt. Stimmen, die mich besonders beeindrucken, sind die von Kirsten Flagstadt, Elisabeth Schwarzkopf, Dietrich Fischer-Dieskau und Jussi Björling beispielsweise – also alles Stimmen mit einem unverwechselbaren Timbre.

Hat Dietrich Fischer-Dieskau besonders beim Liedgesang einen starken Einfluß auf Sie ausgeübt?

Unabhängig davon, daß er für mich ein großartiger Sänger und Interpret, eine singuläre Erscheinung ist, war er prägend für eine ganze Sängergeneration – meine und die nachkommende ebenfalls. Er setzte Maßstäbe, auch in seiner Programmgestaltung.

Haben Sie auch auf der Opernbühne neben ihm gewirkt?

Ja, aber nicht oft. Und es war schwierig, nicht wegen seiner

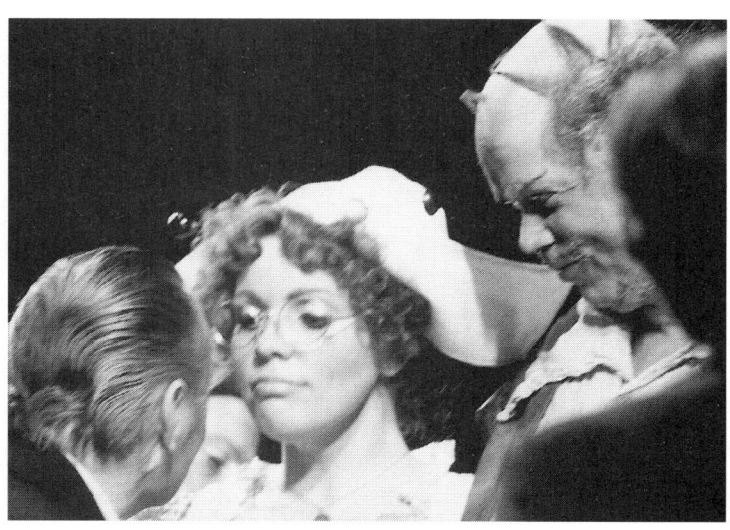

München 1976: Verdis *Falstaff* als Abschiedsvorstellung für den Regisseur Günther Rennert. Brigitte Fassbaender als Quickly und Dietrich Fischer-Dieskau als Falstaff

Dominanz, wie man annehmen könnte, sondern im Gegenteil – er tat sich schwer auf der Bühne, mußte sich jeden Schritt mühsam erarbeiten. War das gelungen, dann war er überwältigend.

Gab es mit anderen Kolleginnen und Kollegen Probleme, oder kamen Sie mit allen weitgehend aus?

Ich bin ein sehr verträglicher Mensch, habe mich mit allen immer gut verstanden, auch mit Kollegen, die als »schwierig« verschrien waren – ich selbst galt ja auch als »schwierig«, ohne zu wissen, warum. Ich bin nie dahintergekommen, denn wer mich näher kennenlernte, mußte dieses Urteil oder Vorurteil revidieren. Im Ensemble empfand ich mich als kameradschaftlich denkender Mensch.

Daß es auf der Bühne Kollegen gab, mit denen ich ganz besonders gern sang und spielte, partnerschaftlich beteiligt war, das ist klar. Ich denke an unsere Mozart-Clique, Gundula Janowitz, Lucia Popp, Peter Schreier und Hermann Prey. Oder ich denke an Plácido Domingo im »Werther« – er war ein wunderbarer Partner, wie auch schon als Radames, sehr kollegial und lustig, dabei ein intensiver Schauspieler. Die ganz Großen waren eigentlich immer die Nettesten, die Bescheidensten dazu – vielleicht ein banales Wort, aber es stimmt. Ich habe

Auf den folgenden Seiten:
Die »Mozart-Clique«: Gundula Janowitz – Brigitte Fassbaender –
Peter Schreier – Hermann Prey
(*Così fan tutte* bei den Salzburger Festspielen 1972)

Mit dem Regisseur Günther Rennert bei der Probenarbeit

Brigitte Fassbaender (Dorabella) und Hermann Prey (Guglielmo)

Mit Günther Rennert ...

... und Gundula Janowitz
(Fiordiligi)

Foto rechts: Als Dorabella (*Così*)
1978 in München

Birgit Nilsson geliebt, weil sie einen so wahnwitzigen Humor hatte, ich habe Anneliese Rothenberger geliebt, weil sie eine Pfundskollegin war, die immer ein gutes Wort, ein Kompliment, eine Ermunterung für mich übrig hatte und dabei selber immer ungeheuer selbstkritisch war. Oder Gwyneth Jones, meine geliebte Marschallin, die, kurz bevor der Vorhang aufging, aus lauter Spannung und Entspannung so krampfhaft zu gähnen pflegte, daß sie mich regelmäßig ansteckte und wir uns beide auf dem Marschallinnen-Bett die Tränen wegwischen mußten. Oder Montserrat Caballé, die so herrlich über sich selbst lachen kann, oder Kurt Moll dessen Bescheidenheit so tief ist wie sein abgrundtief schwarzer Baß.

Nicht gemocht habe ich Kolleginnen, die eine Primadonna spielen zu müssen meinten. Ich mochte auch jene nicht, die wirklich arrogant waren, weil sie dumm waren. Ich glaube, nur dumme Menschen können tatsächlich arrogant sein. Ich mag auch Kollegen nicht, die den Partner auf der Bühne nie anschauen, nicht ehrlich arbeiten oder nur zum Selbstzweck, um bewundert zu werden, wobei sie nicht an das Stück denken, also Rampensteher, die nur Applaus wollen, die routiniert »abziehen«, kein Herzblut lassen, nur an die Gage denken.

Die Regisseurin

Wenn Sie nun Regie führen, mit solchen wenig geliebten Solisten zusammenstoßen, wie werden Sie da handeln?

Den Fall hatte ich gottseidank noch nicht, weil ich an Häusern arbeitete, an denen es solche Erscheinungen eigentlich kaum gibt. Ich habe es einmal im Ansatz erlebt: Ein Kollege benahm sich undiszipliniert und eitel. Nun, er sang eben nicht die Premiere – aus. Es war erfreulicherweise ein anderer Sänger da, genau so gut und kollegialer im Benehmen.

Wann kamen Sie auf die Idee, Regie zu führen?

Das ist schwer zu rekonstruieren. Als ich in München eine Hochschulprofessur innehatte, kam ich auf den Gedanken, eine Schüleraufführung einzustudieren, Darius Milhauds »Armen Matrosen« und Offenbachs »Ba-ta-clan.« Das eine ging gut, das andere ziemlich daneben. Der heitere Offenbach geriet ganz witzig, mit dem Milhaud kam ich nicht so gut zurecht. Aber an diesem Projekt entzündete sich mein Wunsch zur Regie. Die Sänger vertrauten mir, ich konnte sie motivieren und bis zum Schluß eine dichte Arbeitsatmosphäre erhalten. Es kam der Abschied von Octavian, danach erhielt ich die Chance, die Wieder-

Le nozze di Figaro 1968 in München (Regie Günther Rennert). Oben: Brigitte Fassbaender (Cherubino), Claire Watson (Gräfin), Reri Grist (Susanna). Darunter rechts (von vorne): Reri Grist, Dietrich Fischer-Dieskau (Graf), Brigitte Fassbaender

Links: *Così fan tutte* 1978 in München (Regie Gian Carlo Menotti) Brigitte Fassbaender und Margaret Price

Oben: *Così* 1977 in Berlin (Regie Otto Schenk)
Von links: Pilar Lorengar, Brigitte Fassbaender, Dietrich Fischer-Dieskau
Darunter: *Orfeo ed Euridice* mit Lucia Popp 1983 in Berlin

aufnahme des »Rosenkavaliers« mit neuer Besetzung in München szenisch zu betreuen. Ich frischte also die Schenk-Inszenierung auf, hatte in der Personenführung vollkommen freie Hand. Die Kollegen, die Solisten nahmen mich in der plötzlich so veränderten Konstellation ernst – wir hatten eine erfüllte und intensive Probenzeit. Es entstand eine gelungene Aufführung.

Wie kam das erste eigentliche Angebot zustande, Regie zu führen?

Das erste Angebot kam aus Coburg, wo ich Rossinis »Cenerentola« im Februar 1990 inszenieren sollte. Der Intendant Ernö Weil, verheiratet mit der Kollegin Mechthild Gessendorf, mit der ich an der »Met« gesungen und die ihrem Mann von meinen Regie-Träumen erzählt hatte, schaute sich meine Arbeit in der Hochschule und jenen »Rosenkavalier« in München an und lud mich daraufhin nach Coburg ein. Ich war sehr froh, daß die »Cenerentola« ein Stück war, das ich nicht kannte, bei dem ich unbelastet und unbeeinflußt an die Arbeit gehen konnte.

Fiel es Ihnen nicht schwer, sich auf ein so kleines Haus einzustellen, da Sie nur große Operntheater kannten?

Nein, es fiel mir überhaupt nicht schwer. Ich wollte ja auch zum Anfang nicht an einem großen Haus tätig werden, mich zunächst

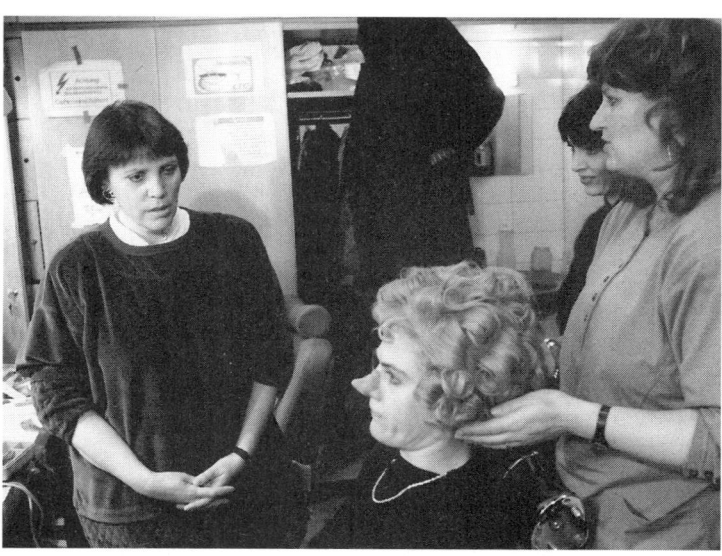

Rossinis *La Cenerentola* 1990 in Coburg. In der »Maske«

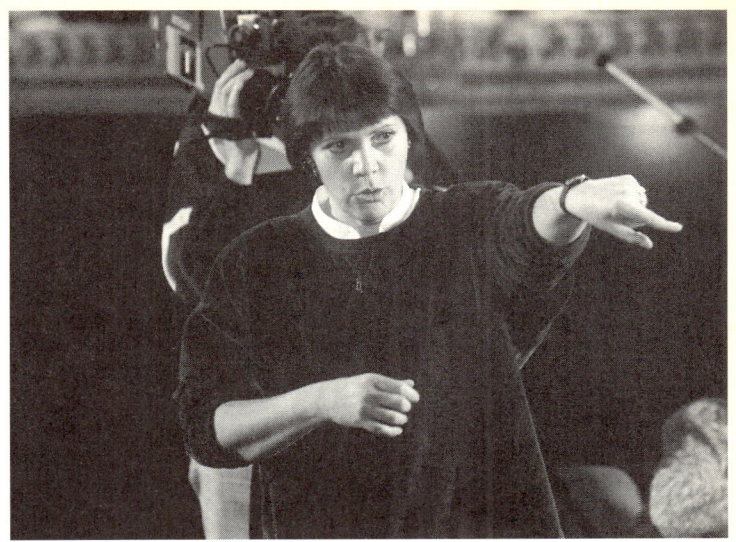

Regiearbeit bei *La Cenerentola* in Coburg

in der sogenannten Provinz ausprobieren. Hinzu kam, daß es ein junges Ensemble mit sehr begabten Sängern gab – zum Beispiel sang der blutjunge Franz Hawlata den Don Magnifico –, daß die Atmosphäre am Haus wohlwollend war, daß ich von allen mit offenen Armen aufgenommen wurde. Das Ereignis war positiv, sogar mit guten Kritiken.

Kam es dank dieses Erfolges zu neuen Angeboten?

Nach dem Erfolg in Coburg meldeten sich gleich zwei Theater. Der Intendant der »Opera North« in Leeds sah sich die Premiere in Coburg an und lud mich für eine Produktion von Schrekers »Der ferne Klang« ein. Danach inszenierte ich in Innsbruck Alban Bergs »Lulu« in der zweiaktigen Fassung. Meine »Lulu« war übrigens Christine Schäfer, die mit dieser Partie ihren Durchbruch hatte und seitdem international Karriere macht.

Die weiteren Anfragen kamen danach schnell?

Ja, gottseidank. Es ist gar nicht so einfach für eine Sängerin oder einen Sänger, mit der Regie zu beginnen. Bei mir gab es vielleicht einen Anfangsbonus des bekannten Namens. Der Publicity-Rummel war für die einladenden Opernhäuser von Vorteil, für meine Arbeit aber eher hinderlich. Die Kritiker, die nur darauf warten, daß etwas schiefgeht,

Sommernachtstraum in Amsterdam

Regiearbeit 1992 in der Opera North in Leeds: *Der ferne Klang* von Franz Schreker mit Virginia Kerr und Fiona Kimm

betrachteten meinen Start als Regisseurin natürlich mit äußerster Skepsis. Nach zig Inszenierungen war der Anfangsbonus schließlich verbraucht, und die Kritik beurteilte meine Arbeit überwiegend sachlich.

Nach der Innsbrucker »Lulu« folgte eine vieldiskutierte »Hänsel und Gretel«-Inszenierung in Augsburg und danach die Einstudierung von Benjamin Brittens »Sommernachtstraum« in Amsterdam für eine Holland-Tournee. In Coburg machte ich Mozarts »Zauberflöte«, in Oldenburg gab es einen »Rosenkavalier«, Wiesbaden meldete sich für eine »Cenerentola« und Meiningen für eine »Ariadne«, und so weiter, und so weiter.

Verhindert eine Sänger-Regie gleichsam automatisch, daß gegen die Stimme inszeniert wird?

Es ist sicher von Vorteil, daß ich aus Erfahrung weiß, was der Entstehungsprozeß einer Partie für den Sänger bedeutet. Ich glaube nachvollziehen zu können, wann der Sänger eine Zeit zur Regene-

Zwei Szenen aus Brigitte Fassbaenders Inszenierung von
Brittens *A Midsummer Night's Dream* 1993 in Amsterdam

ration braucht, wann ich ihn fordern kann und wann ich Rücksicht auf ihn nehmen muß. Der sängerische Atem ist eine bestimmende Kraft. Ich weiß, welche große Bedeutung der Atem auf der Bühne hat: Atem, Körpersprache, Timing.

Gibt es nicht auch Positionen – den Kopfstand etwa –, die nur ein Schauspielregisseur fordern dürfte, der die Gesangsvoraussetzungen nicht kennt?

Ich bin der Meinung, man muß auch auf dem Kopf stehend singen können, wenn es die Szene verlangt, weil nämlich die Emotionen hilfreich eingreifen. Man kann in jeder Lebenslage singen, wenn es der dramatische Ausdruck erfordert. Aber ich werde nicht eine ganze Arie auf dem Kopf stehend singen lassen. Ich werde den Sänger fragen, ob es ihm möglich ist, eine schwierige Körperaktion mit dem Gesang zu verbinden. Wenn es nicht geht, versuche ich eben fünf Takte später das zu erreichen, was mir vorschwebt. Ich betone: Ich arbeite am Regiepult nicht als Sängerin. Aber ich vergesse nicht, daß ich es mit Menschen zu tun habe, die sich durch ihre Stimme ausdrücken. Ich habe auch schon erlebt, daß Schauspielregisseure zu viel Respekt vor dem Sänger haben, nicht in der Lage sind, sein Repertoire an Klischeegesten zu durchbrechen, so daß die Personenregie zugunsten des vermeintlichen Konzepts total auf der Strecke bleibt.

Der »sängerische« Ausdruck

Sie legen also das Hauptgewicht beim Inszenieren nicht auf besondere, auf stimmliche Bedingungen?

Ich werde mich um einen »sängerischen« Ausdruck bemühen, aber die Hauptkonzentration darauf ausrichten, ein Stück umzusetzen, aus den Sängern alle Möglichkeiten herauszuholen, zu denen sie für eine künstlerische Aussage auf der Bühne fähig sind.

Kommen Sie mit einem klaren Konzept auf die erste Probe?

Das Wort »Konzept« ist mir mehr und mehr suspekt. Man hört kaum noch etwas anderes als diese Konzept-Rederei. Ich möchte so sagen: Ich komme sehr vorbereitet auf die Probe. Die Vorbereitung bedeutet: Ich lerne das Stück textlich und musikalisch. Ich bahne mir einen Weg durch das Stück – ich nenne das eine »Grund-Choreographie« –, mit der ich eine sehr klare Vorstellung von bestimmten Szenen gewinne, die zum Teil wie ein Film in meinem Kopf ablaufen. Diese Vorbereitung bedeutet auch, daß ich weiß, was ich mit einer Szene oder dem ganzen Stück aussagen will. Dann warte ich ab, was mir die Sängerinnen und Sänger entgegenbringen. Mit ihnen kann sich viel ändern. Ich muß mich auf das Ensemble einstellen, das ich vorfinde. Die Arbeit mit den Menschen ist es, die mich beim Inszenieren fasziniert. Es entsteht eine große Wechselwirkung. Sänger sind sehr intuitive Menschen, die ihre Phantasie einsetzen, wenn sie sich mit einer Arbeit identifizieren. Wenn ein gegenseitiges künstlerisches Vertrauen entsteht, ist die Möglichkeit gegeben, einen Menschen stark zu motivieren und bis zu einem außergewöhnlichen Endergebnis zu führen. Daß ich mit Nachdruck auf die schauspielerische Seite bei der Opernarbeit achte, ist selbstverständlich – für mich wenigstens. Das schauspielerische Erfüllen einer Partie ist eines meiner Hauptanliegen.

Wie sieht bei Ihnen das Verhältnis zwischen Regisseur und Dirigent aus, wie die Zusammenarbeit mit Bühnenbildnern?

Ich habe bis jetzt leider kaum einen Dirigenten kennengelernt, der sich um die konzeptionelle Entstehung einer Aufführung oder die szenische Probenarbeit von Anfang an gekümmert hätte. Dirigenten kommen eigentlich immer erst bei den Orchesterproben dazu, was ich außerordentlich bedaure. Der Bühnenbildner ist der wichtigste Ansprechpartner, mit dem ich sehr eng zusammenarbeite. Bühnenbild, Kostüme und Beleuchtung sind entscheidende Faktoren beim Gelingen einer Aufführung, die von Anfang an gemeinsam erarbeitet werden.

Bevorzugen Sie Realismus oder Stilisierung?

Weder noch. Es kommt bei dieser Frage auf das Stück an. Es gibt Stücke, die mit einer Stilisierung vollkommen falsch liegen, wie es andere gibt, die sich für eine Stilisierung anbieten. Mein Credo ist sowieso der Mensch auf der Bühne. Ich versuche, eine Wahrhaftigkeit der künstlerischen Aussage ebenso anzustreben wie Identifikationsmomente, von denen sich der Zuschauer betroffen fühlt. Eine Betroffenheit auszulösen, ein Mitdenken und Miterleben anzuregen, sowohl auf der Bühne als auch beim Zuschauer.

Die Regisseurin

Würden Sie die Tendenz zur Stilisierung prinzipiell für besser halten als ein Auf-den-Kopf-Stellen im Sinne des Experiments, mit dem man dann aus gewissen Konventionen glaubt ausbrechen zu sollen?

Die meisten Stücke, die aufgeführt werden, sind so gut, daß man sie nicht verfremden, verdrehen, verfälschen muß, um etwas aus ihnen zu machen. Es geht darum, einem Stück in seinem wesentlichen Gehalt zu entsprechen. Ich bedauere, in meiner Sängerlaufbahn nie einem »Experimentierer« begegnet zu sein. Ich hätte wahnsinnig gern mit einem von ihnen gearbeitet. Ich habe eigentlich nur mit den großen professionellen Opernregisseuren zu tun gehabt, aber ich finde es sehr gut, daß sich auch Schauspielregisseure mit der Oper befassen, die Stücke aufbrechen und neue Sichtweisen erarbeiten, ganz andere neue Perspektiven herausschälen und uns zu einem manchmal völlig anderen Leben auf der Bühne verhelfen. Ich finde es richtig, daß mit diesen Regisseuren neue Impulse vermittelt werden.

Und den jungen Menschen können Sie speziell mit Ihren Erfahrungen als Mensch auf der Bühne helfen? Welche Rolle spielt der Verstand beim Inszenieren?

Die Erkenntnisse, die ich aus der Praxis einbringe, stehen neben der ebenso wichtigen intellektuellen Durchdringung des Stoffes. Wenn ich aber mit dem Menschen auf der Bühne direkt konfrontiert bin, werden wir sicher nicht stundenlang intellektuell miteinander verhandeln, sondern in erster Linie praxisbezogen arbeiten, daß heißt, aus dem direkten Arbeitsprozeß die Ergebnisse holen. Ideal wäre es, wenn ich je nach Kraft und Zeit vor Beginn einer Produktion für etwa zwei Wochen das Rollenstudium mitbetreuen könnte. Da würde ich bereits am Ausdruck zu arbeiten beginnen, vielleicht sogar auch vom Stimmtechnischen her. Das hätte nicht zuletzt den Vorteil, daß jeder über die Interpretation im Vorfeld mit mir nachdenken könnte. Vielleicht gelingt es, mir diesen Wunsch einmal zu erfüllen. Danach fingen erst die szenischen Proben an, aber eben mit einer besseren Anfangsbasis für das Ensemble als üblich. Sängerinnen und Sänger pflegen ihre Partien zu studieren, aber das heißt zumeist nicht, daß sie hinreichend in den Stoff der Oper eingedrungen sind. Besonders dann, wenn fremdsprachig gesungen wird, entstehen leicht Mißverständnisse hinsichtlich der Deutung einer Figur und der dramaturgischen Zusammenhänge.

Allgemein herrscht eine gewisse Skepsis gegenüber inszenierenden Sängerinnen und Sängern. Wie erklären Sie sich das?

Ich kann es nicht genau begründen. Vielleicht denkt man, daß ein ehemaliger Sänger als Regiekonzept nur das anbietet, wiederholt oder »abzieht«, was er selbst einmal auf der Bühne erlebt hat. Das beinhaltet das Steckenbleiben im Konventionellen. Die Tatsache, dreißig Jahre lang auf der Bühne gestanden zu haben, versetzt einen natürlich nicht automatisch in die Lage, Regie führen zu können. Man muß sich auch erst einmal trauen, diese Verantwortung auf sich zu nehmen – ein weites Gebiet, das einen zwingt, völlig umzudenken, neu zu lernen.

Welche Ihrer Inszenierungen gefielen Ihnen selbst am besten?

Ich hatte die »Zauberflöte«, die ich in Coburg herausbrachte, sehr gern, dann den »Fernen Klang« von Franz Schreker in der Opera North in Leeds und auch mein klares Konzept für Brittens »Midsummer Night's Dream«. Mein Herzblut hängt natürlich an den Produktionen, die die größte Herausforderung für mich bedeuteten: der »Don Giovanni« von Mozart in Oldenburg und Wagners »Tristan« in Braunschweig. Ich glaube, beide sind überwiegend gelungen. Die mutigste Produktion bis jetzt war sicher die

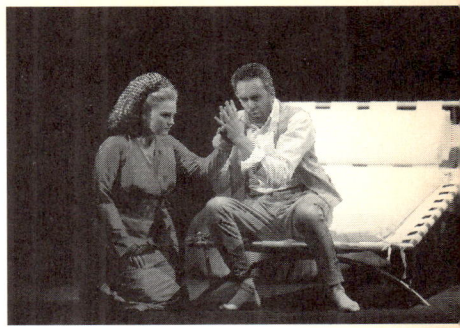

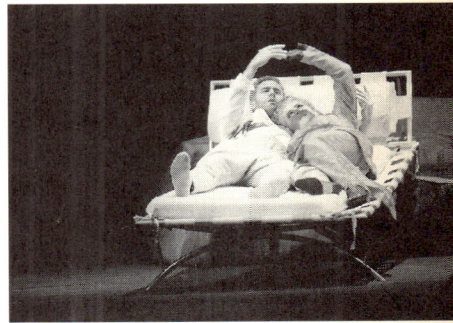

Pelléas et Mélisande-Inszenierung in Braunschweig 1997.
Michelle Breedt und Johann Werner Prein

»Traviata« ist St. Gallen, wieder eine Zusammenarbeit mit Bettina Munzer, und die sensibelste »Pelléas« in Braunschweig.

Inszenierung von Benjamin Brittens *A Midsummer Night's Dream*
1993 in Tel Aviv
Ganz oben Brigitte Fassbaender bei der Probenarbeit, darunter und rechts
Szenen mit Christine Schäfer (Tytanya) und Andrew Shore (Bottom)

»Hänsel und Gretel« heute

Sie haben, wie erwähnt, auch Hänsel und Gretel inszeniert. Ganz konkret dazu: Kann man Märchenzauber realisieren?

Ich kann es nicht, aber die Leute erwarten es. Ich glaube, daß sich Kinder nicht mehr zufrieden geben mit Märchenbuch-Bildern, so schön, so poetisch, so erzieherisch sie sein mögen. Ein Kind, das Tag und Nacht vor dem Fernseher sitzt, die blutigsten Räuberpistolen über sich ergehen läßt, das mit Märchen aus dem Kassettenrekorder abgespeist wird, kommt mit den friedlichen Bildern kaum aus. Es gilt doch hier, ein kindliches Denken zu erfassen, das sich an Computerspielen orientiert. Deshalb habe ich in meiner Inszenierung der Humperdinck-Oper die Hexenwelt modernisiert. Bei mir spielt sich alles in einer Schokoladen-Fabrik ab. Die Hexe verbrennt an ihrem Süßigkeits-Rausch in einem high-tech-Ofen. Auch eine durchgestylte Technik-Landschaft ist für mich nicht ohne Poesie, und sei es eine ironisierte. Die Lebkuchen-Kinder zum Beispiel kamen vom Fließband aus der Maschine.

Interessiert die jungen Menschen Romantisches überhaupt nicht mehr?

Das Gros der Jugendlichen ist leider nicht für Romantisches zu gewinnen. Aber deshalb ist meine Inszenierung, die nicht hundert Jahre zurück denken lassen will, nicht unromantisch. Im Gegenteil, sie hat sogar viel Romantik – das Waldbild habe ich selten so poetisch und verzaubernd gesehen. Aber es gibt keine Weihnachtstannen, nur Baumstämme. Wenn ich im Wald herumgehe, sehe ich ja auch nicht die Kronen, sondern nur die Stämme. Ich habe das Stück näher an uns herangerückt. Ich habe ein nostalgisches Bild gesucht, das mir persönlich nahe ist – also in den vierziger Jahren unseres Jahrhunderts spielen lassen.

Und was machten Sie mit den Engeln?

Das, was ich mir unter Engeln vorstelle. Es sind bei mir die vor uns Gestorbenen, die sich als Kräfte der Liebe manifestieren, durch alle Generationen und alle Jahrhunderte hindurch. Die Kostüme zeigen es vom Rokoko bis heute. Es sind also Schutzengel zu sehen, kein Kinderballett mit angeklebten Goldflügeln. Als ich diese Idee den Statisten in Augsburg erklärte, spürte ich großes Verständnis. Sie konnten bewegungs- und gefühlsmäßig umsetzen: eine grenzenlose Zärtlichkeit und Liebe für die zwei im Wald verlorenen Kinder, die, von allen ihren Vorfahren liebend umgeben, dem nächsten Märchentag entgegenschlafen.

Brigitte Fassbaenders *Hänsel und Gretel*-Inszenierung in Augsburg, 1992

Brigitte Fassbaenders *Hänsel und Gretel*-Inszenierung in Augsburg, 1992
Oben die Engelszene, darunter das Innere des Hexenhauses

Sie haben die Oper früher oft erlebt, als Hänsel, den Sie begeistert sangen – gab es damals schon solche Gedanken?

Nicht direkt, ich habe den Hänsel mit Begeisterung gesungen, aber mich immer geärgert über diese Engel, die da im Nachthemd die Treppe hinab wallten. Ich fand sie schrecklich albern und habe mich in meiner Inszenierung sicher bewußt von diesen damaligen Eindrücken gelöst.

Brigitte Fassbaender als Hänsel in der Bayerischen Staatsoper 1964

Wie kommt es, daß in jüngster Zeit immer mehr Frauen auch in eine der Männerdomänen, die Regie, erfolgreich eindringen?

Eine Frau ist sicher wesentlich verbindlicher und höflicher gepolt als ein Mann, verträglicher und nicht ganz so machthungrig, nicht ganz so durchgepowert. In Spitzenpositionen der Wirtschaft, aber auch als Dirigentin oder Regisseurin muß man großes Durchstehvermögen haben – eine Fähigkeit, mit der Macht umgehen zu können.

Noch hat offensichtlich der Mann das Sagen in unserer Gesellschaft, aber das wird sich langsam ändern. Es ist ein langer Prozeß, bei dem es bis jetzt noch darum geht, daß die Frau doppelt so viel leisten muß, um ernst genommen zu werden. In meinem Beruf als Sängerin habe ich mich nie um Emanzipationsfragen gekümmert, und ich bin bestimmt auch keine Feministin. Ich hatte es als Sängerin nicht nötig, weil ich mich gegen eine Männergesellschaft nicht durchsetzen mußte, weil in meiner Berufssparte Frauen und Männer vollkommen gleichberechtigt sind. Daher gehe ich den Weg der Regisseurin sicher etwas gelassener und unbefangener an.

Der private Bereich

Wenn wir einmal von privaten Dingen sprechen wollen, so liegt die Frage nahe, weshalb Sie meinten, zu früh geheiratet zu haben – den Regisseur Gerhard Weitzel?

Ich war gerade 21 Jahre alt, war im ersten Engagement, lernte ihn kennen und verliebte mich Hals über Kopf, ein Jahr später war ich verheiratet. Ich war als Sängerin, Ehefrau und Reisende in Sachen Musik total überfordert. Mein Mann war nicht der Mann, der für meinen Beruf irgendwelche Kompromisse eingegangen wäre. Er war Regieassistent an der Münchner Oper und wollte natürlich der größte Regisseur der Welt werden. Er ist nie mit mir gereist, und ich habe mich oft sehr allein gefühlt. Es kam zu vielen Trennungen und Auseinandersetzungen. Es gab sehr unterschiedliche Auffassungen über ein Sängerleben. Eines Tages haben wir uns nicht mehr verständigen können und fanden es besser, wieder auseinander zu gehen – das muß ja nicht im Bösen geschehen. Wir verstehen uns heute gut, sehen und schreiben uns.

Gab es dann keine weitere feste Bindung – waren zu viele Männer hinter der hübschen jungen Fassbaender her?

Es kam zwar nicht mehr zu einer partnerschaftlich engen Bindung, aber es gab immer wieder Ansätze dazu. Ich war kein leichtlebiger Mensch, habe es mir immer sehr schwer gemacht. Eine Eintags-Flirterei oder Verhältnisse im Kollegenkreis, das war nicht meine Sache. Ich habe erst später die Lebensform gefunden, die für mich die richtige ist.

Haben Sie einen »montierten Kopf gegen die Männer – so ganz im allgemeinen«, wie die Marschallin im »Rosenkavalier« singt?

Nein, warum auch. Ich habe einige zauberhafte Männer kennengelernt und mich immer wieder furchtbar verliebt. Aber es hat sich keine feste Bindung mehr ergeben. Mein Beruf geht in den seltensten Fällen überein mit einem harmonischen Familienleben. Das geht nur, wenn die Männer bereit sind, einen großen Teil der Alltagspflichten zu übernehmen.

Sie sind auch hinsichtlich einer Agentur keine Dauerbindung eingegangen?

Ich war einige Jahre exklusiv bei einer Agentur. Agenten müssen sein. Sie bestimmen den Markt. Aber es fiel mir schwer, mich als Ware behandeln zu lassen.

Sie haben eine befriedigende Lösung gefunden?

Ich habe ein künstlerisches Sekretariat, einen Menschen, der nur für mich arbeitet. Damit verläuft alles auf dem Niveau, das ich mir vorstelle.

Zum privaten Kreis gehört auch das sogenannte Hobby – es ist das Malen.

Für mich war das Malen immer mehr als nur ein Hobby. Ich hätte es gern ausgebaut, aber die Regie ist dazwischengekommen. Wäre das Inszenieren nicht, hätte ich mich sicher mehr auf das Malen konzentriert. Aber ich denke, wenn ich die Gnade erlebe, gesund zu bleiben und alt zu werden, kann ich es immer noch betreiben. Ich habe schon mehrfach Ausstellungen gemacht, immer in Verbindung mit sängerischer Aktivität. Malen und Zeichnen bedeu-

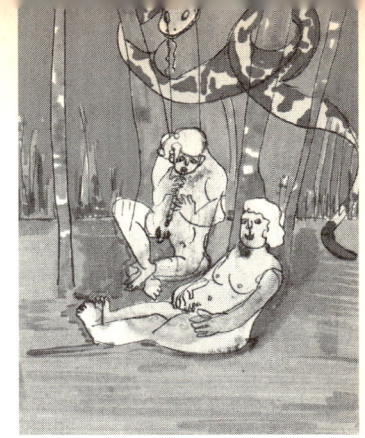

Adam und Eva

Berggasse 19, Wien IX

Spätes Mädchen...

Die hier wiedergegebenen, original farbigen Zeichnungen im Postkarten-Format verdanken ihre Entstehung *einem eher zufälligen »Filzstiftrausch«.*
(Aus dem Klappentext der 1986 bei Smith Settle, Otley, West Yorkshire, veröffentlichten *Postkarten-Galerie* Brigitte Fassbaenders)

tet mir viel. Es bleibt die stille Sehnsucht im Hintergrund, eine Kreativität, die ich unter Ausschluß der Öffentlichkeit erleben kann.

Ist das Leben auf dem Lande für Sie eine Regenerationsquelle?

Seitdem ich im geliebten Chiemgau lebe oder mich nach Italien fern von allem Getriebe zurückziehe, mich zwischen den Reisen abschirmen kann, bin ich wesentlich ruhiger geworden. Es bedeutet mir viel, in der Natur und mit Tieren zu leben. Ich bin ja sowieso oft genug in den großen Städten. Ich bin glücklich, wenn ich dann wieder auf dem Lande sein kann, auf dem doch noch ein wenig »heile Welt« praktiziert wird. Es gibt hier viel mehr Herzlichkeit, viel weniger Voreingenommenheit.

Sie waren in Ihrer Jugend nur in Großstädten, nie in der Provinz...

Die Provinz lerne ich allerdings erst jetzt beim Regieführen kennen. Und da muß ich bekennen, daß ich viel Hochmut abbauen muß. Das sogenannte deutsche Provinztheater hat weitgehend hohes Niveau. Da kommen manchmal Aufführungen vor – ob in der Oper oder im Sprechtheater –, die wesentlich mehr Idealismus und Enthusiasmus enthalten als das, was wir auf den gut saturierten und subventionierten Großstadtbühnen erleben können. Inwieweit das Publikum in der »Provinz« in der Lage ist, das zu schätzen, ist eine andere Frage. Dennoch habe ich gelernt, die Provinz absolut ernst zu nehmen und die künstlerischen Bemühungen und Bestrebungen, die da stattfinden, in mein Leben zu integrieren und mich auch dort in den Dienst der Sache zu stellen.

Würden Sie auf Grund Ihrer Erfahrung jungen Sängerinnen und Sängern empfehlen, die Provinz zu meiden oder zu absolvieren?

Das ist nicht zu verallgemeinern. Ich kann mir vorstellen, daß es Menschen gibt, die aufgrund ihrer Sensibilität und ihres Temperamentes gut tun, an einem großen Haus mit kleinen Rollen anzufangen, so, wie mir das damals gelang und geschenkt wurde, vom Schicksal oder dem Staatsintendanten Hartmann oder wem auch immer. Und es gibt junge Menschen, die Mitte bis Ende zwanzig bereits reif genug sind, größere Rollen an einem kleinen Haus zu erfüllen – das wäre mir wahrscheinlich nicht gelungen. Ich habe ja in den ersten Jahren in München immer mit meinem Vater, der mich bis zu seinem Tode 1978 betreut hat, weiter technisch gearbeitet. Mit allen Schwierigkeiten konnte ich zu ihm gehen. Es ist ein Glück für einen jungen Sänger, so eine Betreuung und Überwachung zu haben. So unterschiedlich die Wege sein mögen, die junge Menschen wählen, die Norm ist es aber, durch die Provinz zu ziehen.

Das Publikum

Haben Sie bei Ihren Gastspielen in anderen Ländern Unterschiede im Verhalten des Publikums erkannt?

Es gibt Unterschiede. Das englische ist mir am liebsten, weil es das höflichste, am besten erzogene und auf eine äußerst angenehme Weise das distanzierteste Publikum ist, ohne lieblos zu sein. Sie nehmen einen mit offenen Armen auf, belästigen aber nicht. Diese Wohlerzogenheit plus Begeisterungsfähigkeit liegt mir sehr. Als junge Sängerin dachte ich weniger an das Publikum als an mich selber. Im Laufe der Jahre sang ich mehr und mehr für mein Publikum und freute mich, daß man mich mochte.

Gab es zuletzt auch ein spezielles Lied-Publikum bei Ihnen?

Das glaube ich schon. Es ist ja bei uns leider der Weg über die Oper notwendig. Erst wenn man auf der Opernbühne bekannt geworden ist, kann man daran gehen, sich ein Liederabend-Publikum zu gewinnen. Man kann es wirklich und im besten Sinne des Wortes »erziehen«. Dann ist es auch möglich, ungewöhnliche Programme zu wagen, nicht immer nur zwei Lieder von Schubert, drei von Schumann und fünf von Brahms. Es gibt ein spezielles Lieder-Publikum, aber nur wenige Sängerinnen und Sänger, die es erobern. Ich bin glücklich, zu ihnen gehört zu haben. Ich fing schon in sehr frühen Jahren mit Liederabenden an. Dominierend wurde das Liedersingen bei mir zu Beginn der achtziger Jahre. Danach herrschte es auch im Terminkalender vor, mit bis zu vierzig Abenden in der Saison.

Wie oft haben Sie gegen Ende Ihrer Karriere im Jahr gesungen?

Nicht mehr 130 Abende, wie es früher vorkam, aber immer noch bis zu siebzig, Funk- und Schallplattenaufnahmen eingerechnet. Ganz zum Schluß gab ich nur noch dreißig Abende, da die Regiearbeit mehr Zeit forderte und ich noch Ferien machen wollte.

Mit welchen Klavierbegleitern haben Sie hauptsächlich gearbeitet?

Ich habe jahrelang mit Irwin Gage zusammen gearbeitet. Aus einem sehr engen, freundschaftlichen und künstlerischen Verhältnis haben wir uns aber leider auseinander gelebt. Das hatte – nach zwölf Jahren – auch mit einer gewissen Stagnation zu tun, die leicht eintreten kann, wenn man sich so lange kennt und dann nicht mehr den Schwung hat, auf Entdeckungsreise zu gehen. Ich fing an, auch mit anderen Pianisten zu arbeiten, was Irwin Gage sehr

Probe mit Irwin Gage 1981 in Wien

kränkte, so daß wir uns trennen mußten – zu meinem großen Bedauern, da ich glaube, daß er einer der großen Begleiter unserer Zeit ist, zumindest meiner Sängergeneration.

Wer kam nach ihm vor allem zum Zuge?

In meiner Hochschulzeit traf ich auf Wolfram Rieger, einen hochbegabten jungen Begleiter, den ich fördern wollte – ich freue mich, daß ich seine Steigbügelhalterin sein durfte. Wir hatten viele schöne internationale Konzertauftritte zusammen. Daneben entstand eine Tendenz bei den großen Schallplattenfirmen, bedeutende Pianisten als Begleiter zu engagieren. So spielte ich zwei CD's mit Elisabeth Leonskaja ein und zwei mit dem französischen Pianisten Jean-Yves Thibaudet, mit dem ich Lieder von Wolf und Liszt aufnahm. Konzerte machte ich auch zusammen mit Cyprien Katsaris. Die Arbeit mit den mehr abstrakt denkenden Pianisten ist nicht immer einfach, da sie sich auf programmatisches Denken vom Text her erst einstellen müssen. Die Zusammenarbeit ist immer spannungsvoll mit diesen Künstlern.

Der wichtigste Begleiter war für mich Aribert Reimann. Ich nahm mit ihm unter anderem die »Winterreise«, den »Schwanengesang« und die »Müller-Lieder« von Schubert auf.

Das Lied- und Konzertrepertoire

Weshalb wählten Sie mit dem Zyklus »Die schöne Müllerin« sogenannte Männer-Lieder?

Wir wollten, so ungewohnt es auch sein mag, wenn eine Frau diese Lieder singt, die Reihe der drei großen Schubert-Zyklen abrunden.

Gestalten Sie Ihre Programme nach speziellen Gesichtspunkten, bevorzugen Sie Zyklen?

Ja – ich bevorzuge eine durchgehende thematische Linie und schätze Programme mit möglichst wenigen Komponisten. Am liebsten sind mir die Programme mit nur einem Komponisten. Ich versuchte, eine Dramaturgie wirksam werden zu lassen, eine thematische Konsequenz.

Wie breit war Ihr Lied- und Konzertrepertoire bezüglich der musikalischen Epochen?

Im 20. Jahrhundert bin ich nicht viel über Schönberg, Berg, auch Schreker und Pfitzner hinausgekommen – mit der Ausnahme Reimann. Für mich stand die Romantik im Vordergrund und Schubert im Zentrum. Sehr früh bemühte ich mich um Bach. Ich liebe Bach. Immerhin habe ich noch mit Karl Richter zusammengearbeitet, der richtungsweisend und der Bach-Experte war. Aber beim Singen hatte ich das Gefühl, eingeengt zu werden. Vor lauter musikalischer und rhythmischer Präzisionsarbeit kam ich nicht mehr zur emotional vertieften künstlerischen Aussage.

War Ihre Stimme nicht auch für Brahms geeignet?

Die Domäne des Mezzosoprans ist üblicherweise Brahms. Für mich galt das nur bedingt, denn Schubert war und bleibt die große Liebe meines Lebens.

Welche Einspielung fand die größte Resonanz – einmal nach den Verkaufszahlen beurteilt?

Eindeutig die »Winterreise«, die weltweit besser einschlug, als man es sich wohl gedacht hatte. Vielleicht hängt es damit zusammen, daß man erkannte, wie sehr ich eine solche Interpretationsaufgabe als spezielle Herausforderung nahm. Ich stelle mich gern großen Anforderungen und lebe aus einer starken Spontaneität

Liedermatinee am 11. Juli 1982 in München, rechts Elisabeth Schwarzkopf

heraus. Ich halte mich für einen eher introvertierten Menschen – die »Innenschau« ist mir vertraut. Es ist für mich beim Lied immer am wichtigsten gewesen, innere Vorgänge über das Medium Stimme nach außen zu tragen. Ich habe in Liederabenden, mehr noch als auf der Opernbühne, Momente erlebt, in denen ich losgelöst von allen inneren wie äußeren Zwängen ganz frei in der Arbeit sein konnte – ohne mich reduziert zu fühlen, ob jetzt aus körperlichen oder seelischen Gründen. Wenn ich »abhebe«, ein Gefühl der Schwerelosigkeit bekomme – Kleiber steht oft auf einem Bein, wenn er dirigiert, und ich ertappte mich beim Singen in derselben Position –, dann entsteht ein Gefühl des Rausches außerhalb der Normalität, oder wie bei einer Meditation. In solchen Augenblicken wußte ich, warum ich singen mußte.

Bedeutet Ihnen die Lyrik der Liedertexte ebensoviel wie die Vertonung?

Ich war immer sehr abhängig von der Qualität eines Textes, deshalb legte ich auf Wortgestaltung größten Wert.

Machte Ihnen das Umschalten vom Singen zum Sprechen keine Probleme?

Nein, gar nicht – ich gehörte zu den Sängern, denen es nichts ausmacht, am Tage viel zu sprechen, wenn am Abend gesungen werden sollte.

Gibt es ein bewußtes Auswerten der Register, oder sollte man

Registerwechsel überhaupt nicht hören?

Ich denke nicht in Registern. Bei einem technisch gut funktionierenden Instrument merken Sie nichts von Registerwechseln. Die bruchlose »Voix mixte« ist das Ziel. Es gibt besonders bei den tiefen Frauenstimmen, also Alt und Mezzo, diese Bruchlage von der Tiefe zur Mittellage, wo man einzelnen Tönen besondere Aufmerksamkeit schenken muß, um sie zu bewältigen, und den Bruch nicht mehr hörbar zu machen.

Gibt es hierfür spezielle technische Übungen – für jedermann?

Ich glaube schon. Wenigstens für mich habe ich ein »Rezept« gefunden. Wenn ich dieses Rezept bei meinen Studentinnen anwende, klappt es ebenso. Man muß sich aber dieser Bedingungen bewußt sein, darf keinen Moment unaufmerksam werden, will man den Schwachpunkt – also den Bruch – in den Griff bekommen.

Haben Sie bis zuletzt tägliche Übungen machen müssen?

Ich konzentrierte mich auf technische Übungen eigentlich nur dann, wenn die Arbeit direkt vor der Tür stand. Außerdem sang ich soviel, unterrichtete so oft, daß ich ständig technisch gefordert war. Daneben gibt es das Einsingen vor dem jeweiligen Auftritt. Eine ständige Auseinandersetzung mit der Materie ist unausbleiblich. Das hört nie auf – man lernt in diesem Beruf nie aus.

Sängerische Arbeitstechnik

Wie sind Sie jeweils an eine neue Rolle arbeitstechnisch herangegangen?

Da gab es kein Schema: Zum einen arbeitete man mit dem Korrepetitor, ging aber die Partie auch von einem gedanklichen Hintergrund her an. Hand in Hand mit der musikalischen Vorbereitung und Aneignung geht die Entstehung eines inneren Bildes, wie man die Rolle auffaßt, vor allem auch schauspielerisch, über die Identifikation mit dem jeweils geforderten Charakter. Daneben läuft die stimmliche Bewältigung, die eher im stillen Kämmerlein geschieht: nämlich, daß man sich die schweren Phrasen in die Kehle singt. Das Weitere ergibt sich aus den Proben mit dem Regisseur.

Sie hatten als sehr junge Sängerin die Stimme über drei Oktaven hin zur Verfügung – dieser Umfang verringerte sich mit der Zeit: weshalb?

Weil ich keinen Ehrgeiz hatte, irgendwelche Experimente im Sopranfach zu machen – ich merkte, daß meine Höhe eine Ausdrucks-Höhe war und ich mich in der hohen Tessitura, einer höheren Gesamtlage über lange Strecken, doch nicht wohl fühlte. Ein Überdehnen der Stimme ist natürlich möglich, aber nur auf Kosten des Schönklanges in der angestammten Lage. Ich war halt ein typischer Mezzo. Gut, ich habe die Wozzeck-Marie gesungen, die bis zum hohen »c« geht – aber dort sind es ekstatische Ausbrüche. Eine »schöne« Höhe, wie sie ein Sopran braucht, ein natürliches Verfügen über Spitzentöne, hatte ich nicht in meiner Stimme. Und je älter man wird, nicht zuletzt im Klimakterium, einem für Sängerinnen wesentlichen Moment der Laufbahn, kann es zu einem Höhenverlust kommen, auch zu großen Krisen. Ich glaube, es gibt kaum eine Sängerin, die davon verschont bleibt. Es tritt eine große körperliche wie seelische Umstellung ein – man muß sich auf viele Dinge neu einstellen: Der ganze Atem- und Muskelapparat einer Stimme wird sehr beeinträchtigt, und man muß eine Form finden, mit diesen Problemen körperlich und technisch fertig zu werden. Das gelingt nicht immer. Ich spreche ganz bewußt sehr offen über dieses Thema, weil ich finde, daß es eine Tabuisierung erfährt, die total unangebracht ist – man verliert ja seine Stimme nicht, man muß nur einen neuen Weg finden. Sehr oft hilft es, individuell abgestimmte Hormongaben anzuwenden. Da ein Höhenverlust eigentlich die Norm ist, muß man sich den Gegebenheiten stellen, sich unter Umständen Ton für Ton mühsam, fleißig und zäh neu erarbeiten.

Und die anderen Lagen – sind auch sie gefährdet?

Weniger – Tiefe und Mittellage stabilisieren sich schneller. Allerdings stellen plötzlich auftretende starke Indispositionen eine Gefährdung dar. Das Klimakterium ist eine harte Zeit für jede Sängerin, man muß Nerven behalten und nicht in Panik geraten, was leichter gesagt ist als getan.

Es gibt aber Krisen mit anderen Ursachen – auch bei Ihnen?

Krisen können ausgelöst werden, wenn man sich überfordert fühlt – durch Partien, die einem nicht liegen, was man aber oft zu spät merkt, was mir gottseidank nicht passiert ist. Ich habe die Grenzen, die mir gesetzt waren, stets in das Denken über meinen Beruf einbezogen. Ich habe mich nicht gescheut, mir selbst Schwächen einzugestehen. Es gibt Lebenskrisen, innere Krisen, die sich nicht einmal durch die totale Hingabe an den Beruf bewältigen lassen. So eine Krise habe ich erlebt: Meine Mutter starb an einer seltenen und merkwürdigen Krankheit, die zum Schluß auch den Atem- und Schluckapparat betraf. Ich litt monatelang darunter, konnte nicht mehr singen, bis ich mich dann wieder gefangen hatte.

Mit Erik Werba bei Schallplattenaufnahmen 1974

Wenn wir über Stimmen und ihre Behandlung sprechen, kommt auch die Frage auf, ob denn äußere Einflüsse wie Rauchen oder Trinken oder andere Verhaltensweisen im Alltag Einfluß auf die Stimme haben ...

Aber sicher. Ich habe als junge Sängerin viel geraucht, habe es aber irgendwann von einem Tag auf den anderen gelassen – gottseidank, denn es ist ein Wahnsinn: Es kann ja nicht gesund sein für den Atemapparat. Ich fühlte es sehr stark. Es ist sowieso nur ein vermeintliches Stimulans, von dem ich überhaupt nichts halte. Damals, als ich qualmte, war es ein wenig Mode und interessant.

Genauso ist es mit dem Alkohol. Natürlich ist es ein wunderbares Mittel zu entspannen, das kann man von Zeit zu Zeit machen, man muß sich ja nicht sinnlos betrinken. Ein kleiner Schwips ist doch ganz lustig. Es gab sicher Phasen im Leben, in denen man manches Glas zuviel getrunken hat. Das ist auch nicht gut für die Stimme – aber wenn man jung und robust ist, hält man das alles aus. Und wenn man älter wird, legt sich das von alleine.

Bleibt Alkohol aber nicht ein gutes Mittel, nach Bühnenauftritten wieder abzuschalten, was besonders dann notwendig erscheint, wenn man intensiv oder eben auch extensiv auf der Bühne sich auslebt?

Das »Wiederabschalten« ist mir immer sehr schwer gefallen. Ich wollte nicht zeigen, daß mir das

Wiedereintauchen in den Alltag nicht gleich gelang. Es gibt nur sehr wenige Menschen, die soviel Einfühlungsvermögen haben, daß sie dem Sänger nach einer Aufführung noch eine Weile Zeit lassen, wieder aufzutauchen, meistens wird man sofort mit Beschlag belegt, soll Einladungen folgen, sich mit Menschen konfrontieren, die keine Ahnung von der Materie haben. Schmeicheleien waren mir sowieso zuwider. Ich habe mich mehr und mehr von gesellschaftlichen Verpflichtungen zurückgezogen. Aber als ich jung war, hielt die Euphorie eines Erfolges tagelang an – man läuft wie auf Wolken. Später kommt man immer schneller wieder in die Realität zurück.

Mußten Sie Ihre Stimme besonders schonen, oder war sie von Natur aus robust?

Sie war recht robust, und ich bin im Laufe der Jahre auch immer robuster geworden – Halsarztbesuche sind bei mir etwas äußerst Seltenes gewesen. Ich mußte auch selten absagen. Gegen eine Erkältung oder Grippe ist natürlich niemand gefeit. Mit einer Erkältung kann man singen, wenn ein Schnupfen nicht auf die Stimmbänder rutscht. Ich war nie sehr anfällig, habe mich auch nicht bewußt abgehärtet. Ich wollte mich nie zum Sklaven des Berufes machen lassen, habe mich bemüht, so normal wie möglich zu leben. Den Beruf habe ich als etwas Selbstverständliches betrachtet, was nicht ausschließt, daß man für Vieles besonders sensibilisiert ist. Ich habe ein Leben lang stark unter meiner übersteigerten Selbstkritik gelitten – und konnte mich selten über Erreichtes freuen.

Apropos Absagen – gegenüber Karajan gab es sie mehrfach.

Er bot mir die Emilia in Verdis »Otello« an, eine winzige Rolle, die ich ablehnte, weil ich anderenorts schon große Fachpartien sang, so daß es ein Rückschritt gewesen wäre, den ich auch Herrn von Karajan zuliebe nicht machen wollte. Aber wir haben »Rheingold« zusammen gearbeitet, für den Film und bei den Oster-Festspielen 1973 in Salzburg. Dann kam eine Anfrage, ob ich von einer Stunde auf die andere während der Salzburger Festspiele als Eboli in »Don Carlos« einspringen könnte. Ich fühlte mich aber nicht in der Lage, das zu tun – ich war immer eine schlechte Einspringerin und Gastiererin. Als ich in Salzburg in der berühmten Produktion von Böhm und Rennert die Dorabella in der »Così fan tutte« sang, kam Karajans Agent und fragte, ob ich beim Maestro die Herodias in der »Salome« singen könnte. Ich fühlte mich aber mit meinen 33 Jahren für diese Rolle noch viel zu jung. Also sagte ich nein. Das war's dann, es kamen keine Anfragen mehr. Ich bin aber nicht traurig darüber, zumal ich keinerlei Bedürfnis hatte, in die spezielle

Clique hineinzugeraten und dann jahrelang nur in dem Karajan-Klüngel zu existieren. Ich war immer schon viel lieber selbständig und unabhängig.

Sie erwähnten die Rolle der Marie in Bergs Wozzeck. Wie faßten Sie diese Rolle auf?

Zunächst: Ich bin immer gern konfrontiert gewesen mit Menschen, die ein Schicksal, ein Leid, eine Leidenskurve auf der Bühne darzustellen haben. Die Marie in ihrer verzweifelten Lebenslust, zwischen den Extremen hin- und hergerissen, diese animalische Kreatur, die weiß, wie sehr Wozzeck an ihr hängt, die es trotzdem fertig bringt, ihn zu verletzen, dabei sich selbst verletzend, die in das offene Messer rennt – das war eine Art Carmen-Parallele für mich, wenn auch auf ganz anderer Ebene. Die Wildheit und Ungezügeltheit dieser Natur mit ihren Skrupeln, die ihr kommen, weil da ein Kind ist – das war eine mich aufwühlende Arbeit. Die Bibel-Szene ist ein Höhepunkt der Oper. Ich kam mir wie ein Psychogramm aller Nöte vor, die eine Frau empfinden kann.

Sind Ihnen solche Erinnerungen noch sehr gegenwärtig?

Nein, das ist alles vergangen und abgelebt, gehört zu den Träumen, die weit weg sind. Ich sage ja immer wieder: Ich bin kein Mensch der Vergangenheit – über ein Vierteljahrhundert Sängerleben ist verrauscht. Ich war nie ein Mensch, der an den Äußerlichkeiten dieses Berufes gehangen hat. Ich bin oft erstaunt, daß die Leute mich kennen, daß man »berühmt« ist. Alles, was mit Publicity, Rückschau und großem Ruhm zu tun hat in diesem Beruf, ist mir suspekt.

Die letzte Rolle oder Die robuste Stimme

Die Klytämnestra in der »Elektra« von Richard Strauss war Ihre letzte auf der Bühne interpretierte Gestalt – wie sah Ihre Auffassung dieser Rolle aus?

Ich wollte, daß man der Klytämnestra auf der Bühne auch Mitleid entgegenbringt, eine Frau, die sich ein Durchhalterezept zurechtgelegt hat, was aber immer wieder zusammenbricht. So kann sie sich nur in die Maßlosigkeit ihrer Gefühle und ihrer Verzweiflung retten. Das künstlerisch unter Kontrolle zu bringen ist eine große schauspielerische Aufgabe. Es ist wieder eine von diesen Partien, bei der man die Nerven bloßlegen muß. Also gehört auch die Klytämnestra zu den mir liebsten Rollen, bei denen trotz aller Exaltation das Gefühl nie außer Kontrolle geraten darf, also der künstlerischen Disziplin unterworfen werden muß.

Und der Fidelio Beethovens?

Eine Traum-Partie, aber für mich nie in der Diskussion, ebensowenig wie die Tosca. Wenn ich in irgendeinem kommenden Leben als Sopran geboren werden sollte, dann werde ich diese beiden Rollen hoffentlich singen.

Hätten Sie einmal dirigieren wollen?

Das Dirigieren ist sehr oft eine heimliche Liebe eines Sängers. Ich glaube, ich bin nicht umfassend musikalisch genug ausgebildet, um es überzeugend zu tun, obwohl ich es irrsinnig liebe, auch beim Einstudieren, beim Unterrichten und beim Inszenieren zu dirigieren. Aber im nächsten Leben werde ich Dirigent.

Haben Sie auch mit Fan-Clubs zu tun?

Ich weiß nicht, ob sich die Fans, die es gibt, zu einem Club zusammengeschlossen haben. Es gibt einige, die mir nachreisen – auch jetzt der Regisseurin –, und einige, die mir mehr oder weniger reizend schreiben, durch Jahre hin treu Gefolgschaft leisten.

Gab es Auszeichnungen, die Sie erfreut entgegennahmen?

Über den Titel »Kammersängerin« habe ich mich sehr gefreut – in München: Ich war hier die jüngste Kammersängerin. Jahre später kam es zur Wiener Kammersängerin – na schön. Man bekommt diesen Titel verliehen, wenn man so und so lange für ein

Verleihung des Bayerischen Verdienstordens
Von links: Maria Wimmer, Heinz Friedrich, Marianne Hoppe,
Brigitte Fassbaender und Martin Benrath

Haus tätig ist. Ich lasse mich auch gern als Kammersängerin anreden, warum nicht – es ist ein Ehrentitel, und ich habe ihn ehrlich erworben. Alle anderen Titel interessieren mich nicht. Ich würde nie auf meinen Briefkopf Prof. Dr. h.c., Kammersängerin, Trägerin des Bundesverdienstkreuzes und des Bayerischen Verdienstordens oder des Maximilians-Ordens setzen. Das ist alles sehr nett – aber ich habe das Bundesverdienstkreuz noch nie getragen, und der bayerische Orden, sehr schön anzusehen, liegt im Schrank – und da bleibt er auch.

Die Welt des Malens und des Schreibens

Wenn man Ihre Bilder sieht, gemalt oder gezeichnet, und sich Ihrer Neigung zu Grenzpartien auf der Bühne erinnert, könnte man meinen, daß das Wesentliche Ihres Denkens und Fühlens in diesen bizarren und grotesken Schilderungen der Bilder zu finden ist – oder war das Malen nur eine Art Ausgleich zum Singen, nur Gegenpol?

Ich glaube, es war ein gewisser Ausgleich, eine durchaus kreative Tätigkeit ganz für mich. Und ich glaube, daß ich ein Mensch bin, der ohne Kreativität überhaupt nicht existieren kann. Ich bin ununterbrochen kreativ, bastle, spiele, singe, inszeniere, male, forme etwas – ich versuche ständig, etwas hervorzubringen. Das Malen ist noch mehr – ein totaler Rückzug in mich selbst, ein totales Konzentrieren. Und so, wie das Singen viel mit Meditation bei mir zu tun hatte, am eigenen Körper empfundene Meditation, so ist das Malen für mich auch ein meditativer Vorgang, denn ich male manchmal stundenlang, ohne zu merken, wie die Zeit vergeht. Wenn das Groteske, Bizarre dabei dominiert, dann liegt das wohl daran, daß ich eine Komödiantin bin – ein Clown vielleicht, nicht lustig, aber mit einer gewissen Komik, die ich überall entdecke, an mir und der Umwelt. Mein bester Schauspielunterricht war Menschenbeobachtung.

Eigentlich müßten Sie auch gern und gut schreiben können ...

Früher habe ich furchtbar viele Gedichte und Kurzgeschichten und so etwas geschrieben – nicht ernst zu nehmen, nur für die Schublade. Einmal habe ich ein Märchen dramatisiert – für ein Kindertheater. Mein Versuch wurde abgelehnt, weil der Bösewicht fehlte.

Jetzt schreibe ich ab und zu für Programmhefte und verfasse Vorworte und Beiträge für Buchausgaben, früher auch Beiträge für CD-Booklets meiner Aufnahmen. Ein Buch werde ich wohl nie

Einspielung von Capriccio (Strauss) im Jahre 1993
Von links: Haken Hagegard, Uwe Heilmann, Brigitte Fassbaender,
Victor von Halem, Olaf Bär, Kiri Te Kanawa

zustande bringen, man kommt ja aus dem Ändern nie heraus ...

Fanden Sie im Singen letztlich nicht mehr die volle Befriedigung?

Das Singen füllte mich zuletzt in der Tat nicht mehr aus. Irgend etwas ist da von mir weggewachsen. Es bedeutete nicht mehr das Zentrum meines Lebens.

Könnte es sein, daß Sie auch das Liedersingen deshalb als problematisch erkannten, weil das Lied weitgehend eine Angelegenheit des vorigen Jahrhunderts war?

Nein. Ich halte mich mit diesem Beruf durchaus für einen Menschen unseres Jahrhunderts, und ich habe die »blaue Blume der Romantik« nie durch mein Singen wieder erblühen lassen wollen.

Ich bemühte mich zum Beispiel, die »Winterreise« so modern zu singen wie nur möglich, sie nicht als Bestandteil einer romantischen Lebens- und Seelenhaltung zu sehen.

Das richtige Singen ist letztlich aber wohl auch eine subjektive Sache, oder?

Das Richtige ist individuell erfahrbar, und das Richtige ist das, was den ganzen Körper, der als leibgeistige Einheit zum Singen eingesetzt wird, sich bequem und wohlfühlen läßt. Beim richtigen Singen entsteht ein selbstverständliches Körpergefühl. Ein Zusammenspiel aller Kräfte und Möglichkeiten, die ich in den Dienst des Kunstwerkes stelle, das ich gestalten darf. – Ist das nicht ein schönes Schlußwort?

Abschied und Neubeginn:
Operndirektorin und Intendanz

Es könnte so sein, aber da Sie zum einen ungern zurückschauen, zum anderen neue Wege entschiedener und früher als allgemein angenommen begangen haben, bleiben Fragen an die Zukunft. Was Sie sich versprechen, was Sie erwarten und erhoffen, wüßte man gern. Einmal entsteht die Frage, weshalb Sie das Singen so rasch und radikal aufgaben – eine Sache der Nervenentlastung oder der Wunsch, die neue Thematik des Inszenierens und dann noch die Funktion der Operndirektorin unbelastet vom Singen – durchaus auch hinsichtlich der Terminfragen, der Aufgabenüberschneidung – konzentriert behandeln zu können? Wie kam es überhaupt zur Position der Operndirektorin?

Ich hatte mir eigentlich schon sehr früh vorgenommen, einmal mit dem Singen aufzuhören, auf dem Höhepunkt meiner Karriere sozusagen, oder besser: während der Plateau-Wanderung. Meine Karriere hat sich sehr stetig, sehr glückhaft und sehr ruhig entwickelt, und eines Tages war eben ein Plateau erreicht, auf dem man dann lange Jahre dahinwandert, immer bestrebt, sich zu vervollkommnen, seine Leistungsfähigkeit zu verbessern und sein Leistungsniveau zu halten. Und ich liebe den Beruf einfach zu sehr, um erleben zu wollen und zu müssen, daß man von diesem Plateau auch wieder herunter steigen muß. Ich wollte einfach keinen Abstieg erleben, der zwangsläufig in einem gewissen Alter einsetzt – ein Vitalitätsverlust, der den Beruf schwerer und schwerer werden läßt. Es muß nicht unbedingt ein Qualitätsverlust sein, aber irgendwie fällt einem dann doch alles nicht mehr so leicht. Und man muß sich immer wieder neu beweisen und sich dem Erwartungsdruck aussetzen. Und eines schönen Tages hatte ich das Gefühl, damit ist es nun genug. Ich hatte auch das Gefühl, kein inneres Reservoir mehr zu haben, aus dem ich schöpfen könnte. Man hat sich doch über 33 Jahre hinweg den Menschen ausgeliefert. Und dann kommt der Punkt, an dem man das Gefühl hat, es kommt nichts mehr zurück, denn am Applaus, an den Äußerlichkeiten dieses Berufes war mir nie viel gelegen. Außerdem intensivierte sich die Regiearbeit.

So kam der Tag, an dem ich mir sagte, ich sollte aufhören, weil ich nicht besser werden konnte, aber auch nicht schlechter werden möchte. Mein Liederabend im Bahnhof Rolandseck, einem exclusiven kleinen Veranstaltungsort in der Nähe von Bonn, fand am 19. Dezember 1994 statt. Ich sang und sprach »Die schöne Magelone« von Brahms. Am Schluß stand die von mir geliebte und verehrte Marianne Hoppe vor mir und überreichte Blumen – ich wußte gar nicht, daß sie unter den Zuhörern war. Und hinterher war dann noch im kleinsten Kreis eine äußerst fröhliche und witzige Gesellschaft beisammen, wir saßen die ganze Nacht, lachten und erzählten. Lisa Leonskaja hatte begleitet. Einige Tage nach dem Konzert war irgend etwas in mir abgelaufen. Eine innere Stimme sagte mir, das war ein wunderschöner Abend, das sollte der letzte gewesen sein. Diese Entscheidung habe ich ganz mit mir alleine abgemacht.

Einige Tage nach diesem Entschluß rief der GMD von Braunschweig, Philippe Auguin, an, um mit mir über eine geplante »Tristan«-Produktion zu sprechen, die ich in Braunschweig machen sollte. Im Gespräch fragte mich Auguin, ob ich nicht die vakante Operndirektion in Braunschweig übernehmen wolle. Nach reiflicher Überlegung habe ich mein Interesse bekundet, schließlich, nach einigen Verhandlungen, zugestimmt. Mein Vertrag wurde auf zwei Jahre festgelegt. Ich hatte die Interimszeit zwischen zwei Intendanten zu überbrücken. Meine erste Anregung war die Installierung eines Leitungsgremiums, in dem jeder Spartenleiter voll verantwortlich für seinen Bereich agieren konnte.

Reizvoll war die Aufgabe, ein neues Sänger-Ensemble aufzubauen, den Spielplan zu gestalten und dem Haus die verlorengegangene Publikumsgunst zurückzugewinnen. Die Herausforderung für mich war immens, denn ich war mit Aufgabenbereichen und administrativen Tätigkeiten konfrontiert, die sich bis dato natürlich meiner Kenntnis weitgehend entzogen. Als Sängerin kriegt man überhaupt nicht mit, was sich hinter den Kulissen eines solchen Hauses abspielt. Ich habe unendlich dazugelernt.

Schneller als offenkundig vermutet kam eine Anfrage, eine Intendanz zu übernehmen – ab Herbst 1999 in Innsbruck. Dieses »Tiroler Landestheater«, dessen klassizistische Fassade von 1846 auf den Geist hinter den Säulen schließen lassen könnte, hat sich jedoch ab und zu auf Wagnisse eingelassen – Sie selbst haben hier Alban Bergs »Lulu« inszeniert. Sie sagten einmal, daß das Publikum dieses Theaters traditionsverbunden genannt werden kann. Richtet sich Ihre Planung nach dieser Gegebenheit?

Mit dem Tiroler Landestheater übernehme ich ein traditionsreiches Haus, dem sich das Publikum verbunden fühlt, von dem es auch einen traditionellen Theaterbetrieb erwartet. Gottseidank ist es dem agilen, zupackenden Intendanten Dominique Mentha, meinem Vorgänger, gelungen, alte Strukturen aufzubrechen und modernes Theater zu machen – auch gegen den Widerstand weiter Publikumskreise. Ich übernehme also ein Haus, das in den letzten Jahren der Moderne sehr ver-

Brigtte Fassbaenders Inszenierung von Stephen Sondheims *Das Lächeln einer Sommernacht* 1996 in Braunschweig
von links nach rechts: Ina Stachelhaus, Peter Bording, Ulrike Becker, Lothar Odinius und Chor

Das Lächeln einer Sommernacht
Daniela Ziegler, Peter Bording

pflichtet war und im Brennpunkt des leider auch negativen Interesses stand. Auch hier haben viele Abonennten das Haus fluchtartig verlassen. Insofern ähnelt die Situation in Innsbruck der Braunschweigs.

Ich werde aber diesen Weg der Öffnung, der Hinwendung zum modernen Regietheater konsequent fortsetzen, ohne auf die Säulen des Repertoirebetriebes – Mozart, Wagner, Verdi, Strauss – zu verzichten. Ich werde Uraufführungen und österreichische Erstaufführungen präsentieren – dafür ist der Boden längst bereitet. Inwieweit der Spielplan der nächsten Jahre meine Handschrift trägt, wird sich erweisen. Ich möchte das Innsbrucker Theater zu einer ersten Adresse machen, die Diskussion um die Theaterarbeit muß erhalten bleiben, aber möglichst mit positiven Schlagzeilen, positivem Publikumsecho. Es gilt, viele Abonnenten zurückzugewinnen, neu gewonnene zu halten und einen breit gefächerten Spielplan anzubieten. Ein Schwerpunkt wird die Auseinandersetzung aller drei Sparten mit dem genialsten aller Theatermacher sein, mit Shakespeare. Es soll ein brückenschlagendes, auf Shakespeare basierendes Repertoire erarbeitet werden, das ich als programmatische Grundierung bezeichnen möchte. Immerhin gibt es allein 270 Opern nach Shakespeare – da ist noch so mancher hebenswerte Schatz dabei.

Da Innsbruck ein intaktes, gut funktionierendes Haus ist, da es mir überhaupt nicht liegt, mit der Einstellung zu beginnen, daß ich alles besser weiß und alles besser kann, werde ich auch nicht mit eisernem Besen kehren, sondern mich mit den Gegebenheiten des Opern- und Schauspielensembles vertraut machen, bevor ich Änderungen vornehme. Einige wird es schon geben müssen, denn mein Spielplan erfordert andere, zum Teil schwerere Fächer, als es das Ensemble jetzt aufweist. Aber nur Änderungen schaffen, weil das bei Intendantenwechseln so üblich ist, und alle auf die Straße schicken will ich auf keinen Fall. Überhaupt schätze ich an Innsbruck die Überschaubarkeit, die Effizienz der einzelnen Abteilungen. Ich hoffe, zu allen Mitarbeitern einen persönlichen Kontakt aufbauen zu können – und offen zu sein für ihr »Wohl und Wehe«, denn ich bin der Überzeugung, daß nur aus einem harmonischen Umfeld individueller Einsatz und Bereitschaft zu erwarten sind, sowohl in künstlerischer Hinsicht als auch in allen Abteilungen des Hauses. Das kollegiale Miteinander, das verständnisvolle Ansprechen und – vielleicht noch wichtiger – das Zuhören liegt mir am Herzen. Das Vorbereitungsjahr auf diese Innsbrucker Intendanz ist jedenfalls eine kreative Phase. Ich bin mit Enthusiasmus und Lust an die Aufgabe herangegangen.

Ermöglicht diese Vorbereitungszeit auch, daß Sie dann, während der ersten Spielzeit bereits, selbst inszenieren und das vielleicht sogar – und wohl erstmals dann – im Schauspiel versuchen?

In Innsbruck erwartete man einen regieerfahrenen Intendanten. So werde ich vermutlich zwei Inszenierungen pro Spielzeit betreuen. Auf die Eröffnungspre-

Brigitte Fassbaender und Nana

miere werde ich allerdings verzichten, denn die Intendantin wird genug um die Ohren haben und auch reichlich repräsentieren müssen, als daß sie sich völlig in eine Regie-Aufgabe fallen lassen könnte. Aber mit der zweiten Produktion werde ich mich dem Ensemble und dem Publikum als Regisseurin vorstellen. Es soll eine Operette, Offenbachs »Orpheus in der Unterwelt«, sein – auch diese Herausforderung möchte ich einmal annehmen: Operette in unserer Zeit gut zu machen, witzig, ironisch gebrochen und doch der Materie gerecht werdend, mit leichter Hand und leichtem Herzen sozusagen: Das ist das Schwerste überhaupt, finde ich. Jedenfalls bete ich schon heute, daß es gelingen möge. Das Stück wird dann auch zu Silvester gespielt – und das ist die Jahrtausendwende und also ein Jahrtausendereignis. Ich finde es sowieso ganz toll, daß ich so aktiv in das neue Jahrtausend gehen darf. Ich bin froh, daß ich mich in einem Dreispartenhaus um meine geheime Liebe – das Schauspiel – kümmern kann, natürlich mit Hilfe eines kompetenten Schauspieldirektors an meiner Seite. Mein großer Wunsch wäre es, Schauspiel zu inszenieren. Das wird die Zeit bringen – vor allem, ob das Schauspiel-Ensemble mir vertraut und es mich wagen läßt.

Choreographieren werde ich jedenfalls nicht, aber ich bin froh, daß es in Innsbruck eine hervorragende Tanztruppe gibt, und werde dieser Sparte viel Aufmerksamkeit schenken.

Wie meinen Sie, Ihr Haus mit speziellen Aktionen profilieren zu können – auch mit Aktivitäten in Richtung Jugendtheater und Opernstudio beispielsweise?

Selbstverständlich werden wir jedes Jahr ein Stück für Kinder herausbringen, obschon es in Innsbruck ein eigenständiges Jugendtheater gibt, ein Konkurrenzunternehmen sozusagen. Mobile Aktivitäten, mit denen wir in Schulen gastieren, auf Plätzen, in Parks: wer weiß, eine Art Jugend- und Kinder-Thespiskarren. Über all das denken wir schon nach.

Ein Opernstudio wird es nicht geben, da die finanzielle Situation auch in Österreich zu angespannt ist. Ich werde allerdings sowieso mit jungen Sängerinnen und Sängern arbeiten, dem Nachwuchs Chancen der Repertoire-Erarbeitung bieten. Außerdem hat ein solches Theater ja die Aufgabe, Durchgangsstation und Sprungbrett zu sein, Begabungen zu fördern und wieder ziehen zu lassen. Aber im Schauspiel könnte ich mir eine Art Studio für jüngere Schauspieler vorstellen, die bei uns ihre ersten Schritte tun, von den älteren Kollegen betreut werden – gleichsam als eine Art Station zwischen Schauspielschule und erstem Engagement. Daraus rekrutieren sich alle Klein- und Kleinstrollen. Wünschenswert und der besonderen Situation Nord- und Südtirols angepaßt sind auch die Bestrebungen einer aktiven, kooperativen Zusammenarbeit mit dem Kulturzentrum Bozen/Bolzano, wo ein prächtiges, neues Haus entsteht, in dem das Landestheater mit interessanten Produktionen gastieren könnte.

Grundsätzliche Perspektiven aktueller Opernarbeit

Wiederholt erwähnten Sie in unserem Gespräch die Qualitätsfrage in allen Theaterdingen. Ließe sich formulieren, was diesbezüglich für Sie wichtig ist und welche Folgen sich daraus ergeben?

Über allen Überlegungen schwebt der übergreifende Wunsch, meinen Qualitätsanspruch erfüllen zu können. Dafür werde ich in den nächsten Jahren in Innsbruck all die mir zu Gebote stehenden Kräfte einbringen und die Menschen, die mit mir zusammenarbeiten wollen und werden, zu Leistungen anspornen, die aus Innsbruck immer weiter ein erstklassiges Theater machen, uns und dem Publikum zur Freude. Wenn wir dabei ein überregionales Echo erreichen, wäre es uns nur recht. Jedenfalls fürchte ich: Mit meinem Wunsch nach Nichtstun, nach Garten-Genießen, nach Weltflucht, wie ich es mir so oft ausgemalt habe, ist es noch eine Weile hin. Auch das Interims-

Als Klytämnestra (mit Noriko Sasaju) in Strauss' *Elektra*, die letzte Rolle, die Brigitte Fassbaender verkörperte, hier in einer Wiener Inszenierung

jahr zwischen Braunschweig und Innsbruck war angefüllt mit Aktivität. Ich habe in England »Lucio Silla« des jungen Mozart inszeniert – übrigens ein Stück, das so originell und gewaltig ist, daß ich es in Innsbruck unbedingt noch einmal machen möchte. Gleich nach diesem Mozart kam Verdis »Rigoletto« in Chemnitz. Mozarts »Zauberflöte« schloß sich in Meiningen an. Hinzuzurechnen ist eine stattliche Zahl von Meisterkursen in der Spielzeit 1998/99. Das soll auch so bleiben, denn die komprimierte Zusammenarbeit mit einigen Auserwählten – meistens im schönsten Ambiente – macht viel Freude. Hin und wieder ist eine hervorragende Begabung zu entdecken. Eine habe ich gefunden und sogleich für Innsbruck eingeladen – ein junger deutscher Mezzosopran von schönster Qualität wächst da heran, und ich bin froh, hier bewahren und fördern zu können.

Meine Arbeit ist also nach dem Singen in keiner Weise an einem Endpunkt angekommen, sondern ich befinde mich wieder im Aufbruch, immer mit neuen Abenteuern konfrontiert, an denen ich wachsen, mit denen ich mich beweisen kann. Dafür bin ich dankbar – und besonders dankbar bin ich, dabei ein zukunftsträchtiges Schlußwort gefunden zu haben: Ich bin halt zum Ausruhen nicht gemacht.

Discographie

Lieder

Johannes Brahms
Lieder
Klavier: Irwin Gage
Viola: Thomas Riebl
ACANTA 43507 CD

Lieder
Vier Ernste Gesänge
(Robert Schumann) op. 39
Klavier: Elisabeth Leonskaja
TELDEC 9031-74872-2 CD

Die schöne Magelone (inkl. Text)
Klavier: Elisabeth Leonskaja
TELDEC 4509-90854-2 CD

Lieder
mit Robert Schumann
Klavier: Erik Werba
HMV 29 07731 CD

Duette
Brahms/Dvořák-Duette
mit Julianne Banse
Klavier: Cord Garben
KOCH/SCHWANN
3-1259-1H1 CD

Franz Liszt
Lieder
mit Milhaud/Mahler
Klavier: Irwin Gage
EMI 065-30 949

Lieder
mit Richard Strauss op. 15
Klavier: Irwin Gage
DG 419 239-1 CD

Lieder
Klavier: Jean-Yves Thibaudet
DECCA 430512-2 CD

Carl Loewe
Frauenliebe und Leben
Klavier: Cord Garben
DG 423 680-2 CD

Gustav Mahler
Wunderhorn-Lieder
mit Berg op. 2 und
Claus Ogermann
Klavier: John Wustman
ACANTA 23 579 CD

Das Lied von der Erde
mit Thomas Moser
Klavier: Cyprien Katsaris
TELDEC 2292-46276-2 CD

Felix Mendelssohn Bartholdy
Lieder
mit Hugo Wolf – *Mörike-Lieder*
Klavier: Erik Werba
EMI 065-30 950 CD

Franz Schubert
Lieder inkl. *Ständchen*
Klavier: Erik Werba
EMI 065-28 969

Lieder (Tod und Verklärung)
Klavier: Graham Johnson
HYPERION CDJ33011 CD

Lieder (Texte von Goethe)
Klavier: Cord Garben
SONY SK53104 CD

Winterreise
Klavier: Aribert Reimann
EMI CDC 7498462 CD

Schwanengesang
Klavier: Aribert Reimann
DG 429/766-2 CD

Die schöne Müllerin
Klavier: Aribert Reimann
DG 445 863-2 CD

Robert Schumann
Liederkreis op. 24/
Frauenliebe und -leben
Klavier: Irwin Gage
DG 415 519-1 CD

Dichterliebe op. 48
mit Arnold Schönberg
Das Buch der hängenden Gärten
Klavier: Aribert Reimann
EMI 067-146 685-1

Hugo Wolf
Mörike-Lieder
Klavier: Jean-Yves Thibaudet
DECCA 440 208-2 CD

. / .

Zigeunerlieder
Schumann/Brahms/Tschai-
kowsky/Dvořák/Liszt
Klavier: Karl Engel
EMI 063-29085 CD

Romantische Duette
mit Hidenori Komatsu und
Kurt Moll
Klavier: Cord Garben
HARMONIA MUNDI
905210 CD

Oper/Operette

Alban Berg
Lulu
mit Anja Silja, Walter Berry,
Hans Hotter, Kurt Moll usw.
Wiener Philharmoniker
Christoph von Dohnányi
DECCA D48D3 CD

Lulu
mit Patricia Wise,
Wolfgang Schöne,
Graham Clark, Hans Hotter
Orchestre National de France
Jeffrey Tate
EMI 7546222 2 CD

Lulu
mit Julia Migenes, Theo Adam,
Kurt Rydl, Hans Hotter
Wiener Philharmoniker
Lorin Maazel
RCA 74321 57734 2

Hector Berlioz
Romeo et Juliet
mit Nicolai Gedda,
John Shirley-Quirk
ORF-Symphonieorchester

Lamberto Gardelli
ORFEO HO87 842

Georges Bizet
Carmen
mit Anneliese Rothenberger,
Ludovic Spiess,
Wolfgang Anheisser
Staatskapelle Dresden
Giuseppe Patanè
EMI 061-29091 CD

Georges Enescu
Oedipe
mit Barbara Hendricks,
José Van Dam,
Nicolai Gedda,
Gabriel Bacquier
Orchestre Philharmonique
de Monte-Carlo
Lawrence Foster
EMI 7540112 CD

Leo Fall
Der fidele Bauer
Symphonieorchester Graunke
Carl Michalski
EMI LC 0193

Friedrich von Flotow
Martha
mit Anneliese Rothenberger,
Nicolai Gedda, Hermann Prey
Bayerisches Staatsorchester
Robert Heger
EMI CMS 7 69339 2 CD

Charles Gounod
Faust
mit Jerry Hadley, Cecilia Gasdia,
Samuel Ramey,
Susanne Mentzer
Orchestra of Welsh National
Opera

Carlo Rizzi
TELDEC 4509-90872-2 CD

Engelbert Humperdinck
Hänsel und Gretel
mit Lucia Popp, Walter Berry,
Julia Hamari, Anny Schlemm
Wiener Philharmoniker
Sir Georg Solti
DECCA 6 35 436 FA CD

Jules Massenet
Werther
mit Peter Dvorský, Hans Helm,
Magdaléna Hajóssyová
Prague Symphony Orchestra
Libor Pešék
SUPRAPHON 11 1547-2 632 CD

Werther
mit Plácido Domingo,
Marianne Seibel,
Hans Günter Nöcker
Bayerisches Staatsorchester
Jesús López Cobos
ORFEO C464 9821 CD

Wolfgang Amadeus Mozart
Così fan tutte
mit Gundula Janowitz,
Reri Grist, Hermann Prey,
Peter Schreier, Rolando Panerai
Wiener Philharmoniker
Karl Böhm
CD 2740 206 CD

Die Zauberflöte
mit Leonore Kirschstein,
Olivera Miljakovic, Edda Moser,
Anneliese Rothenberger
Bayerisches Staatsorchester
Wolfgang Sawallisch
EMI 197-30154/6 CD

La clemenza di Tito
mit Teresa Berganza,
Werner Krenn, Lucia Popp,
Maria Casula
Wiener Staatsopernorchester
István Kertesz
DECCA 357/59 CD

La finta giardiniera
mit Ezio di Cesare,
Julia Conwell, Thomas Moser,
Lilian Sukis, Barry McDaniel
Mozarteum Orchester, Salzburg
Leopold Hager
DG 2740 234 CD

Mitridate re di Ponto
Leopold Hager
FONO 4156/7 CD

Jacques Offenbach
Die schöne Helena
mit Nicolai Gedda,
Anneliese Rothenberger,
Benno Kusche
Münchner Rundfunkorchester
Willy Mattes
EMI CMS 565366 2 CD

Operetten
EMI 061-30 982

Hans Pfitzner
Palestrina
mit Dietrich Fischer-Dieskau,
Helen Donath, Nicolai Gedda,
Karl Ridderbusch
Symphonieorchester des
Bayerischen Rundfunks
Rafael Kubelik
DG 2711013 CD

Giacomo Puccini
Manon Lescaut
mit Mirella Freni,
Plácido Domingo,
Renato Bruson
Philharmonia Orchestra
Giuseppe Sinopoli
DG 413 893-1 CD

Oscar Straus
Ein Walzertraum
mit Anneliese Rothenberger,
Nicolai Gedda, Edda Moser
Symphonie Orchester Graunke
Willy Mattes
EMI 157-29041/2

Johann Strauß
Die Fledermaus
mit Anneliese Rothenberger,
Dietrich Fischer-Dieskau,
Nicolai Gedda, Otto Schenk
Wiener Symphoniker
Willi Boskovsky
EMI 157-29300/1 CD

Die Fledermaus
mit Kiri te Kanawa,
Edita Gruberova,
Wolfgang Brendel, Olaf Bär
Wiener Philharmoniker
André Previn
PHILIPS 4125921PH3 CD

Richard Strauss
Die Frau ohne Schatten
mit Birgit Nilsson
Bayerisches Staatsopern-
orchester
Josef Keilberth
DG 2721 161

Salome
mit Eva Marton, Heinz Zednik,
Bernd Weikl
Berliner Philharmoniker

Zubin Mehta
SONY 46717 CD

Capriccio
mit Kiri te Kanawa,
Uwe Heilmann, Olaf Bär,
Victor von Halem, Hans Hotter
Wiener Philharmoniker
Ulf Schirmer
DECCA 444 405-2 CD

Peter Tschaikowsky
Eugen Onegin
mit Dietrich Fischer-Dieskau,
Evelyn Lear, Fritz Wunderlich,
Martti Talvela
Orchester der Staatsoper
München
Otto Gerdes
DG 447 818-2 CD

Giuseppe Verdi
Die Macht des Schicksals
mit Hildegard Hillebrecht,
Thomas Tipton, Rudolf Schock,
Gottlob Frick
Orchester der Deutschen Oper
Berlin
Wilhelm Schüchter
EMI 061-28809

Don Carlos
mit Nicolai Gedda,
Dietrich Fischer-Dieskau,
Edda Moser, Kurt Moll
Radio-Symphonie-Orchester
Berlin
Giuseppe Patanè
EMI 061-28960

Il trovatore
mit Giorgio Zancanaro,
Plácido Domingo,
Rosalind Plowright,
Evgeny Nesterenko
Orchestra dell'Accademia di
Santa Cecilia
Carlo Maria Giulini
DG 413 355 1 CD

Rigoletto
mit Renato Bruson,
Edita Gruberova, Neil Shicoff,
Robert Lloyd
Orchestra dell'Accademia di
Santa Cecilia
Giuseppe Sinopoli
PHILIPS 4125921PH3 CD

La Traviata
mit Teresa Stratas,
Fritz Wunderlich,
Hermann Prey
Bayerisches Staatsorchester
Giuseppe Patanè
ORFEO C3449321 CD

Richard Wagner
Die Walküre
mit Regine Crespin,
Helga Dernesch, Birgit Nilsson
Sir Georg Solti
DECCA 6 35251 FK CD

Tristan und Isolde
mit Margaret Price, Rene Kollo,
Dietrich Fischer-Dieskau,
Kurt Moll
Staatskapelle Dresden
Carlos Kleiber
DG 2741006 CD

Die Meistersinger von Nürnberg
mit Thomas Stewart,
Thomas Hemsley,
Sándor Kónya,
Gundula Janowitz,
Gerhard Unger

Symphonieorchester des
Bayerischen Rundfunks
Rafael Kubelik
CALIG 50971-74 CD

Sinfonien/Oratorien/Kantaten

Johann Sebastian Bach
h-Moll-Messe
mit Helen Donath,
Claes H. Ahnsjö, Robert Holl,
Roland Hermann
Symphonieorchester des
Bayerischen Rundfunks
Eugen Jochum
EMI 157-43 205/7 CD

Johannes-Passion
mit Elly Ameling, Kurt Equiluz,
Siegmund Nimsgern, Kurt Moll
Consortium Musicum
Wolfgang Gönnenwein
EMI 197-28 951/53

Weihnachtsoratorium
mit Elly Ameling,
Horst Laubenthal, Hermann Prey
Symphonieorchester des
Bayerischen Rundfunks
Eugen Jochum
PHILIPS 6703 037 CD

Ludwig van Beethoven
9. Sinfonie
Rudolf Kempe
EMI 125-02761/2

9. Sinfonie
mit Helen Donath,
Horst Laubenthal, Hans Sotin
Symphonieorchester des
Bayerischen Rundfunks
Rafael Kubelik
ORFEO C207 891A CD

9. Sinfonie
mit Jessye Norman,
Plácido Domingo, Walter Berry
Wiener Philharmoniker
Karl Böhm
DG 2741 009 CD

Missa Solemnis
mit Helen Donath,
Peter Schreier,
John Shirley-Quirk
Symphonieorchester des
Bayerischen Rundfunks
Rafael Kubelik
ORFEO C370 942B CD

Johannes Brahms
Alt-Rhapsodie
Tschechische Philharmonie
Giuseppe Sinopoli
DG 435 066-2 CD

Vokal-Ensembles/
Liebesliederwalzer
mit Edith Mathis,
Peter Schreier,
Dietrich Fischer-Dieskau
Klavier: Wolfgang Sawallisch
DG 2741 280 CD

Claude Debussy
Die Spielzeugschachtel
Kölner Rundfunk Orchester
Helmuth Froschauer
CAPRICCIO (in Vorbereitung)

Antonín Dvořák
Requiem op. 89
mit Gabriela Beňačková,
Thomas Moser,
Jan-Hendrik Rootering

Tschechische Philharmonie
Wolfgang Sawallisch
SUPRAPHON 302 43175 CD

Georg Friedrich Händel
Der Messias
mit Lucia Popp, Robert Gambill,
Robert Holl
Radio-Symphonie-Orchester
Stuttgart
Neville Marriner
EMI 157 2700803 CD

Joseph Haydn
Paukenmesse
mit Judith Belgen,
Claes H. Ahnjö, Hans Sotin
Symphonieorchester des
Bayerischen Rundfunks
Leonard Bernstein
PHILIPS 412 734-1PH CD

Paul Hindemith
Requiem – For those we love
mit Dietrich Fischer-Dieskau
Wiener Symphoniker
Wolfgang Sawallisch
ORFEO 112851 A CD

Gustav Mahler
2. Sinfonie
mit Margaret Price
London Symphony Orchestra
Leopold Stokowski
RCA 00852 EF

2. Sinfonie/*Lieder eines
fahrenden Gesellen*
mit Rosalind Plowright
Philharmonia Orchestra London
Giuseppe Sinopoli
DG 415 959-1 CD

8. Sinfonie
mit Sharon Sweet,
Pamela Coburn,
Florence Quivar,
Richard Leech,
Sigmund Nimsgern, Simon Estes
Wiener Philharmoniker
Lorin Maazel
SONY S2K 25754 CD

Das Lied von der Erde
mit Francisco Araiza
Berliner Philharmoniker
Carlo Maria Giulini
DG 314 459-1 CD

Das klagende Lied
mit Susan Dunn,
Werner Hollweg,
Andreas Schmidt
Radio-Symphonie-Orchester
Berlin
Riccardo Chailly
DECCA 425 719-2 CD

Song Cycles
*Kindertotenlieder, Rückert-
Lieder, Lieder eines fahrenden
Gesellen*
Deutsches Sinfonieorchester
Berlin
Riccardo Chailly
DECCA 425 790-2 CD

Modest Musorgskij
Songs and Dances of Death
Göteborgs Symfoniker
Neeme Järvi
DG 437 785-2 CD

Gioacchino Rossini
Petite Messe Solenelle
mit Kari Lövaas, Peter Schreier,
Dietrich Fischer-Dieskau

Wolfgang Sawallisch
ARIOLA XF86 321 K CD

Petite Messe Solenelle
mit Lucia Popp, Nicolai Gedda,
Dimitri Kavrakos,
Katia und Maria Labèque
Stephen Cleobury
EMI EX 270316-3 CD

Alessandro Scarlatti
Il Giardino d'Amore
mit Catherine Gayer
Münchner Kammerorchester
Hans Stadlmair
DG 431 122-2 CD

Arnold Schönberg
Gurrelieder
mit Susan Dunn,
Siegfried Jerusalem,
Hermann Becht, Hans Hotter
Radio-Symphonie-Orchester
Berlin
Riccardo Chailly
DECCA 430 321-2 CD

Franz Schubert
Der heitere Schubert
EMI 187-30196/7

Weltliches Chorwerk
mit Hildegard Behrens,
Dietrich Fischer-Dieskau,
Peter Schreier
Wolfgang Sawallisch
EMI 157-43 300702 CD

Geistliches Chorwerk 3 vols
mit Helen Donath,
Dietrich Fischer-Dieskau,
Lucia Popp, Peter Schreier,
Francisco Araiza

Symphonieorchester des
Bayerischen Rundfunks
Wolfgang Sawallisch
EMI 157-43300/02 CD
EMI 157-43303/05 CD
EMI 157-1436073 CD

Robert Schumann
Das Paradies und die Peri
mit Edda Moser,
Nicolai Gedda
Düsseldorfer Symphoniker
Henryk Czyz
EMI 193-30187/8 CD

Kurt Weill
Die sieben Todsünden/Chansons
Radio-Philharmonie Hannover
Cord Garben
HARMONIA MUNDI
901420 CD

Diverse

Berühmte Opernarien
RSO Stuttgart
Hans Graf
ORFEO C 096 841 A CD

Festliche Oper
mit Teresa Stratas, Kurt Rydl,
Doris Soffel
Janos Kulka
Intercord 185 821

Mozart-Arien
mit Lucia Popp, Tom Krause,
Werner Krenn,
Manfred Jungwirth
Vienna Haydn Orchestra
István Kertesz
TIS GRV 23 AV

Operette in Gold und Silber
mit Erika Köth,
Rudolph Schock,
Benno Kusche
Franz Allers
EMI 137-290 083-3 CD

Great Moments of ...
EMI 7243 565782 2 CD

Bel Canto
mit Edita Gruberova,
Anna Tomowa-Sintow,
Bernd Weikl, Franco Bonisolli
ORFEO C321 931 Z CD

Ten Top Mezzos
mit Baker, Troyanos usw.
DECCA 443 378-2 CD

Compact Disc Video

Humperdinck:
Hänsel und Gretel (Solti)
DECCA 071 102-1

Johann Strauß:
Die Fledermaus (Kleiber)
DG 072 400-1

Richard Strauss:
Der Rosenkavalier (Kleiber)
DG 072 405-1

Elektra (Abbado)
PIONEER PLMCB 00221

VHS Video

Hänsel und Gretel
Die Fledermaus
Der Rosenkavalier
Elektra (Wien und New York)
Werther

Bildquellennachweis

Thomas Ammerpohl, Braunschweig: S. 101 und S. 125
Clive Barda, London: S. 84
Festspielleitung Bayreuth/Wilhelm Rauh: S. 71 oben
Rudolf Betz, München: S 41, S. 46 oben, S. 52, S. 54 links, S. 71 unten und S. 76 links
Ilse Buhs, Berlin: S. 70, S. 72, S. 73 und S. 93 oben
Photo Ellinger, Salzburg: S. 88 und S. 89
Film · Foto · Verlag: S. 34 oben links und rechts
Foto Hans Grimm, München: S. 51
Haramaty Photographers, Tel Aviv: S. 102 und S. 103
Elfie Hess, Düsseldorf: S. 14
Anne Kirchbach, Starnberg: S. 47 oben, S. 62, S. 67 unten rechts, S. 75 unten, S. 90 unten rechts, S. 92 oben und unten, S. 93 unten und S. 120
Siegfried Lauterwasser, Überlingen: S. 82
Lelli & Masotti, Mailand: S. 66 und S. 67 oben und links unten
Deen van Meer, Amsterdam: S. 96 rechts und S. 97
Foto-Luhmann, Hameln: S. 35
Palffy, Wien: S. 74 links
Ingeborg Peter u. Hans. H. Hartmann, Berlin-Halensee: S. 36
Pete Peters, San Francisco: S. 76 rechts
E. Piccagliani, Mailand: S. 46 Mitte
Keith Saunders, London: S. 96 linke Spalte und S. 99
Rolf Schneider, Coburg: S. 94 und S. 95
Lioba Schöneck, München: S. 105 und S. 106
Oda Sternberg, München: S. 40 oben, S. 43, S. 57 unten links, S. 58, S. 60, S. 61, S. 68 unten, S. 69, S. 74 rechts, S. 75 oben, S. 78 oben links und rechts, S. 83, S. 90 oben und links unten, und S. 117
Foto Straub, Meerbusch: S. 47 Mitte
Sabine Toepffer, München: S. 23, S. 40 unten, S. 54 rechts, S. 55, S. 57 oben und rechts unten, S. 8 oben, S. 78 unten, S. 85, S. 86, S. 87, S. 92 Mitte und S. 107
Vivianne, Rom: S. 122 und S. 128
Axel Zeininger: S. 130

OPERNFÜHRER

OPERN DER WELT
Herausgegeben von Kurt Pahlen

Kompletter Text in der Originalsprache, gegebenenfalls mit deutscher Übersetzung mit musikalischen Erläuterungen, Geschichte der Oper, Inhaltsangabe mit zahlreichen Fotos und Illustrationen und Kurz-Biographie des Komponisten.

BEETHOVEN
Fidelio, SEM 8001

BIZET
Carmen, SEM 8002

LEONCAVALLO
Der Bajazzo, SP 8039

LORTZING
Zar und Zimmermann, SP 8003

MASCAGNI
Cavalleria rusticana, SP 8040

MOZART
Così fan tutte, SP 8004
Don Giovanni, SP 8005
Die Entführung aus dem Serail, SEM 8006
Le nozze di Figaro, SEM 8007
Die Zauberflöte, SP 8008

MUSSORGSKI
Boris Godunow, SEM 8044

NICOLAI
Die lustigen Weiber von Windsor, SP 8009

PUCCINI
La Bohème, SEM 8012
Madame Butterfly, SP 8013
Tosca, SP 8014
Turandot, SEM 8015

ROSSINI
Der Barbier von Sevilla, SP 8016

SMETANA
Die verkaufte Braut, SP 8017

STRAUSS
Elektra, SP 8043
Der Rosenkavalier, SEM 8018
Salome, SP 8042

VERDI
Aida, SP 8019
Don Carlos, SEM 8020
Falstaff, SP 8021
Die Macht des Schicksals, SP 8022
Ein Maskenball, SEM 8023
Nabucco, SEM 8041
Othello, SP 8024
Rigoletto, SEM 8025
La Traviata, SP 8026
Der Troubadour, SP 8027

WAGNER
Der fliegende Holländer, SP 8028
Lohengrin, SEM 8030
Die Meistersinger von Nürnberg, SEM 8031
Parsifal, SEM 8032
Tannhäuser und der Sängerkrieg auf Wartburg, SP 8035
Tristan und Isolde, SEM 8036
Der Ring der Nibelungen
I Das Rheingold, SEM 8033
II Die Walküre, SP 8037
III Siegfried, SP 8034
IV Götterdämmerung, SEM 8029

WEBER
Der Freischütz, SP 8038

In allen Buch- und Musikalienhandlungen erhältlich!

TASCHENBÜCHER ZU OPER, OPERETTE UND MUSICAL

Hans Renner
RENNERS FÜHRER DURCH OPER, OPERETTE UND MUSICAL
Das Bühnenrepertoire der Gegenwart
SEM 8203

Julius Burghold
WAGNER, DER RING DES NIBELUNGEN
Vollständiger Text mit Notentafeln der Leitmotive
SEM 8229

Franz Hrastnik
OPER, NICHT GANZ ERNST GENOMMEN
Heitere Fibel für Opernfreunde
SP 8267

Arnold Werner-Jensen
OPER INTERN
Berufsalltag vor und hinter den Kulissen
SP 8210

ATLANTIS · SCHOTT

In allen Buch- und Musikalienhandlungen erhältlich!

Brockhaus Riemann Musiklexikon

In fünf Bänden
Herausgegeben von
Carl Dahlhaus,
Hans Heinrich Eggebrecht
und Kurt Oehl
3. Auflage 1998
5 Bände in Kassette
SEM 8400

Musikalische Kompetenz mit Tradition

Dieses Lexikon steht in der großen Tradition des Riemann Musiklexikons, das seit mehr als 100 Jahren das international anerkannte Standardwerk der Musikliteratur ist. Es wendet sich an eine breite Leserschaft und informiert in über 7.000 Stichwörtern u.a. über Komponisten/Komponistinnen, Interpreten, Musik in Geschichte und Gegenwart, Gattungen, Instrumente, Literatur und Notenausgaben. Diese Buchkassette enthält einen 1995 aktualisierten Ergänzungsband mit ca. 1.700 Stichwörtern.

ATLANTIS · SCHOTT

In allen Buch- und Musikalienhandlungen erhältlich!

GESCHENK-IDEE

DER AKTUELLE UND IMMERWÄHRENDE MUSIK-KALENDER FÜR JEDEN MUSIKFREUND

MIT MUSIK DURCHS JAHR

Der immerwährende Kalender
Der immerwährende Jahreskalender mit den wichtigsten 3500 Daten zur Musikgeschichte (Komponisten, Interpreten, Uraufführungen) und Raum für persönliche Notizen (Tagebuch, Geburtstage etc.).

Aktuelles Kompendium des Musiklebens
in Form von Tabellen, Übersichten, Adressenteil mit Sachinformationen aus allen Bereichen des heutigen Musiklebens sowie Register.

Für jeden Musikfreund
zum täglichen Gebrauch und für persönliche Eintragungen.

Taschenbuchformat
264 Seiten,
Best.-Nr. SP 8278,
DM 19,90

Serie Musik PIPER · SCHOTT